一度は使ってみたい野菜で、何度でもつくりたいレシピ

植松良枝

名前を聞いたことはあるけれど、
姿形は目にしたことがあるけれど、
一度も使ったことがない野菜。
そう聞いて思い浮かぶ野菜が一つや二つ、
きっとあるはずです。
でも、いつかは使ってみたいと、
思いを馳せる野菜もいくつかあるでしょう。
まだ手にしていない野菜があるのは幸せなこと。
新しい料理をつくるチャンスに満ちています。
旬を知って、野菜をめぐる冒険に出かけましょう。

目次

カリフラワー

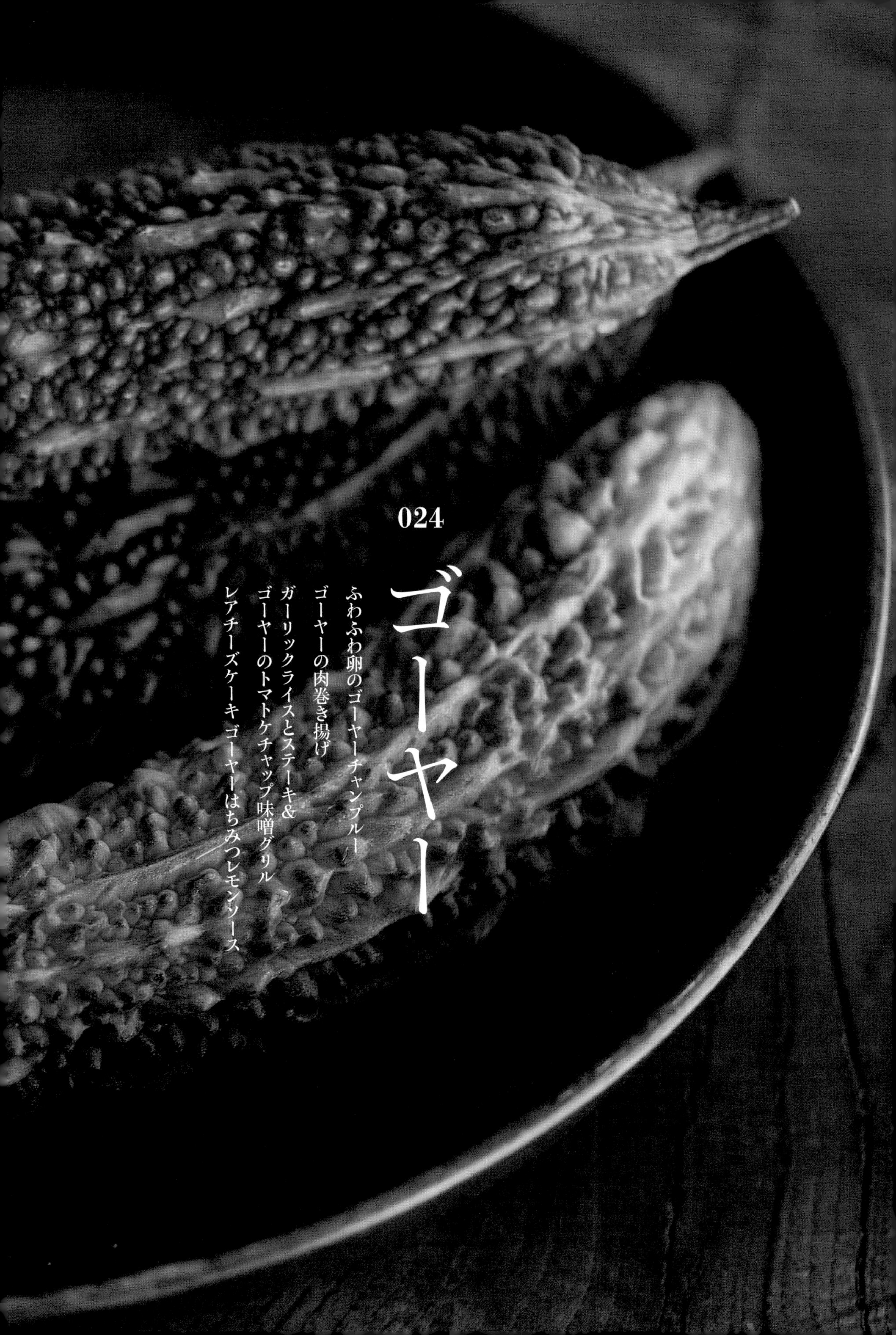

024

ゴーヤー

ふわふわ卵のゴーヤーチャンプルー

ゴーヤーの肉巻き揚げ

ガーリックライスとステーキ＆

ゴーヤーのトマトケチャップ味噌グリル

レアチーズケーキ ゴーヤーはちみつレモンソース

036

里芋

- 里芋のローストとサルサヴェルデ
- ベトナム風 揚げ団子
- 里芋のシーフードグラタン
- 里芋の柚子おろし煮

048

せり

せりのジョン
アサリとせりのリゾット
肉焼きそば 梅風味
豚肉と大根とせりの煮物

060

とうもろこし

エスニック焼き飯
とうもろこし ちまき風
とうもろこしの皮で包んだ蒸しパン
焼きとうもろこしとクミンのモロカンサラダ

072

冬瓜

冬瓜と梨とすだちのサラダ
冬瓜とはんぺんのすりながし
冬瓜とトマトといんげんのポークカレー
冬瓜のアチャール

084

菜の花

菜の花とナッツの洋風白和え
焼き菜の花と生ハムポーチドエッグ
くたくた菜の花のオレキエッテ
菜の花とちりめんじゃこの混ぜ込みご飯

096

パクチー

セビチェ
パクチーのチュイール
チキンマライティッカ
パクチーとレタスの海老ワンタン鍋

108

ビーツ

ビーツといちごのフレッシュサラダ
柚子味噌はさみ揚げ
ビーツのちらし寿司
ケイク・サレ

120

山うど

ベトナム風サラダ
山うどと鶏肉の梅干し炒め
山うどと豚肉のかき揚げご飯
山うどの柳川風

材料表の単位のこと。
大さじ1＝15㎖、
小さじ1＝5㎖、
1カップ＝200㎖です。
適量は、自分自身にとっての
ちょうどいい量を意味します。
ぜひ、適量を見つけて、知ってください。
適宜は、お好みのこと。
あってもなくてもオッケーです。
気分次第で愉しんでください。

カリフラワー

カリフラワーのポピュラーな食べ方は、ゆでてマヨネーズと一緒にいただくというもの。ほくほくとした食感と淡白な味わいが魅力的です。旬を迎えたカリフラワーはシンプルな調理法で十分に愉しめますが、時には普段と違ったひと手間も一興です。

たとえば、じっくりと煮てみる。ほっこりとした穀物のような香りと旨味あるだしが出て、カリフラワーの新しい一面を知ることができます。具材としての食べごたえもあるので、ポタージュやリゾットにはぴったりです。

生食もお薦めです。花蕾を薄くスライスして、好みの野菜と混ぜてください。カリフラワーがアクセントになる個性的なサラダが出来上がります。

海外での食し方もヒントになります。インドではスパイスを纏わせて窯で焼いたり、カレーの具材として使ったり。ベトナムをはじめとする東南アジアではきくらげや絹さや、牛肉と一緒に炒める姿を目にします。味つけはヌクマムやシーズニングソース。仕上げに黒胡椒をたっぷりとふりかけたり。白く美しい花蕾がスパイスや調味料で鮮やかに染まっていく様子も食欲を刺激します。

カリフラワーの旬は11月から3月。野菜売り場では、花蕾に黒ずみがなく、葉が瑞々しいものを選んでください。湿気に弱いので、保存するときは乾いたキッチンペーパーで覆います。蒸れると途端に鮮度が落ちてしまいます。水洗いは調理の直前にすることをお薦めします。

忘れてほしくないのが、軸から伸びる茎と葉。キャベツのようなじんわりした甘味とシャキシャキの食感が愉しめるので、捨ててしまうのは惜しい部分です。花蕾よりも多くのビタミンCを含んでいて、栄養価も豊富。スープや煮込み料理に加えれば、料理の質を上げてくれる立派な食材になります。

最近は米と一緒に炊き込むかさ増しの糖質オフ食材として注目を集めるカリフラワーですが、花蕾と茎葉の魅力を引き出す術を知れば、立派な主役として食卓を彩ります。

アロース・クレモソ

カリフラワー

もろっとしたカリフラワーと、
もっちりした米の食感が愉しいクリーム粥。
スペイン語でアロースは米、
クレモソはクリームを意味します。
パルミジャーノ・レッジャーノでまろやかに仕上げれば、
寒い日の朝ご飯に、
ブルーチーズやカマンベールチーズを使えば、
白ワインとの相性も抜群で夜長のお供にもなります。

RECIPE → P020

スパイス・ホットサラダ

カリフラワー

カリフラワーは生で食べると、
こりっとして、ついクセになる食感。
タコやセロリと一緒に盛りつけ、
熱いスパイスオイルをかけて食しましょう。
淡白なカリフラワーの味わいが、
複雑な香りを見事に受け止めてくれます。

RECIPE → P020

カリフラワーの爆弾肉団子

カリフラワーを小房ごと肉種に包んで揚げると、
カリッ、ほくっとした食感の肉団子の出来上がりです。
ボリュームがあって、食べごたえは抜群。
塩、胡椒にレモンを搾ったものやチリソースなど、
お好みでつけていただきます。

RECIPE → P021

アロース・クレモソ

→ P014

材料（2～3人分）

- カリフラワー…150g
- 野菜スープ
  - A
    - 玉ねぎの薄皮と上下のへた…1個分
    - にんじんの皮…1本分
    - セロリの葉…1本分
- 玉ねぎ…1/4個（30g）
- 米…1/2カップ
- バター…20g
- 生クリーム…60ml
- 塩…小さじ1弱
- パルミジャーノ・レッジャーノ…適量
- オリーブオイル…適量

1 野菜スープをつくる。鍋に水800mlと**A**を入れ、中火にかける。ひと煮立ちしたら弱火にして15分煮て、ザルで漉す。

2 カリフラワーは粗く刻む。玉ねぎはみじん切りにする。鍋にバターとオリーブオイルを入れて中火にかけ、バターが溶けてきたら玉ねぎを加える。玉ねぎが透き通るまで炒めたら、カリフラワーと**1**の野菜スープ200mlを入れて蓋をし、弱火で7分蒸し煮にする。

3 蓋を開け、鍋の中でカリフラワーを木ベラで好みの大きさに潰す。米と野菜スープ400mlを入れ、蓋をせずに弱火で12分煮る。

4 **3**に生クリームと塩を加え、ひと煮立ちしたら器に盛る。パルミジャーノ・レッジャーノをおろしかけ、オリーブオイルを垂らす。

スパイス・ホットサラダ

→ P016

材料（3～4人分）

- カリフラワー…120g
- セロリ…1/2本
- タコ（ゆでたもの）…100g
- 塩…適量
- A
  - 花椒…小さじ1強
  - 八角…1粒
  - 赤唐辛子（乾燥、小口切り）…1/2本
  - 米油（サラダ油でも可）…大さじ1 1/2
  - 胡麻油…大さじ1 1/2

1 カリフラワー、セロリ、タコは5mm幅にスライスする。

2 **1**を平皿に広げるように盛りつけて、塩を全体にふりかける。

3 小さめのフライパンに**A**の材料を入れ、ごく弱火にかけ、じっくりと熱してスパイスオイルをつくる。スパイスの香りが立ってきたら火からおろす。

4 スパイスオイルが熱々のうちに、**2**の全体に回しかける。

カリフラワーの爆弾肉団子

→ P018

材料（2～3人分）

- カリフラワー（大）… 1/2株（小1株）
- 玉ねぎ … 1/2個（60g）
- パクチーの根 … 2株分
- 生パン粉 … 20g
- 牛乳 … 大さじ3
- A
  - 合挽き肉 … 300g
  - 溶き卵 … 1/2個分
  - 粗挽き黒胡椒 … 小さじ1
  - 塩 … 小さじ1 1/2
- 片栗粉 … 適量
- 揚げ油 … 適量
- 塩 … 適量
- 粗挽き黒胡椒 … 適量
- レモン汁 … 1/4個分
- チリソース … 適量

1 カリフラワーは軸を残したまま小房に切り分ける。玉ねぎとパクチーの根はみじん切りにする。

2 ボウルに生パン粉と牛乳を入れて浸したら、**A**を加えて肉の粘り気が出るまでよく混ぜ合わせる。玉ねぎとパクチーの根を加え、さらに練り混ぜて肉種をつくる。小房の数だけ均等に分ける。

3 手のひらにサラダ油（分量外）をつけ、**2**を厚さ1㎝に広げてカリフラワーをのせる。軸が少し出るようにして房全体を包む。

4 **3**の表面に片栗粉を薄くまぶし、170℃に熱した揚げ油で揚げる。表面にカリッと揚げ色がつくまで4～5分揚げる。

5 半分に切って、皿に盛りつける。塩、粗挽き黒胡椒を合わせてレモン汁とチリソースを添える。

カリフラワーのサブジ

インドでは「ゴビ」という名称で親しまれているカリフラワー。
食堂や屋台では「サブジ」がメニューに並びます。
日本語で蒸し煮という意味のサブジ。
カリフラワーが纏ったスパイスの香りと、
レモンの爽やかさが食欲をそそります。

材料（3～4人分）

カリフラワー（小）…1株
カリフラワーの葉…1株分
にんにく（小）…1片
生姜（小）…1片
米油（サラダ油でも可）…大さじ2～3
クミンシード…小さじ2/3

A
コリアンダーパウダー…小さじ2
ターメリック…小さじ1/2
レッドペッパー…小さじ1/3
塩…小さじ1

レモン汁…小さじ2～3

1 カリフラワーは小房に分けて、大きいものは縦半分に切る。カリフラワーの葉はシャキシャキとした食感が出るよう斜め薄切りにする。にんにくと生姜は薄切りにする。

2 鍋に米油とクミンシードを入れて弱火にかける。細かい気泡が出てきたら、にんにくと生姜を加えて軽く炒める。

3 **2**に混ぜ合わせた**A**とカリフラワー、水大さじ3を加えて軽く炒め合わせる。蓋をして弱火のままカリフラワーがほくっと柔らかくなるまで5分蒸し煮にする。途中、一度カリフラワーの上下を返す。

4 蓋を取って水分がなくなるまで炒め、火を止めてからレモン汁をかけ、よく混ぜ合わせる。

ゴーヤー

ゴーヤーは苦い。

ゴーヤーの苦味は、こってりとした肉や油と合わせても負けない存在感があります。

ゴーヤーは内側のワタが苦いと思っている方も多いようですが、勇気を出して口にしてみてください。ふわふわとした食感で苦味をさほど感じないはずです。

インドでは外側の実を削り、種つきのままワタを食します。ワタは水分を含ませると、もっちりした食感になって、定番のチャンプルーに入れれば、ちょっとしたアクセントにもなります。

ゴーヤーの味の源は凸凹としたイボ。尖っていて色が濃いほどに苦味はパワフル。対して、なめらかで色味が薄い場合は苦味も穏やか。野菜売り場で見比べ、一つ一つの表情の違いに気づいて、イボの様子から苦味の度合いを推し量れるようになれば、どう使って何をつくるかがイメージしやすくなります。

とは言え、私たちが目にするゴーヤーは、ほんの一部です。ゴーヤーの種類は３００にも及びます。

一般的に市場に出回っているゴーヤーは長細く濃い緑でゴツゴツとした「長レイシ」と呼ばれる品種です。沖縄で親しまれているのは「あばしゴーヤー」。瑞々しくて、苦味が少なく、ずんぐりむっくりとしたもの。ベトナムでは、色白でイボがなめらかな「白ゴーヤー」がポピュラーです。火を通すととろけるような食感になります。

本州でゴーヤーが普及したのは１９９０年以降のこと。実は新参者の野菜なんです。品種改良によって害虫を克服したことで、全国進出を果たします。無骨な姿と独特の苦味が受けて、今では夏野菜の代表的な存在になりました。ビタミンＣや鉄分が豊富で、夏バテ予防にぴったりという点も普及を加速させた理由の一つでしょう。

ゴーヤーが苦手な方にお薦めしたいのが、デザート使い。意外にもゴーヤーはスイーツと好相性。表面の青い部分をすりおろしてバニラアイスクリームに混ぜ込めば、メロンのようなほんのり苦い風味を感じます。はちみつ、レモンと合わせてソースをつくれば、すっきりした甘味に仕上がります。

ふわふわ卵のゴーヤーチャンプルー

ゴーヤーをワタごと使ったチャンプルーです。
プルプルとした食感が特徴のもち麩と一緒に、卵に浸します。
薄切りにしてさっと炒めることで、シャキッとした食感を残しています。
どさっと入れるきび砂糖に驚かないでください。
甘く味つけることでより鮮明になる
ゴーヤーの苦味とのバランスを味わえば、
きっと納得するはずです。

RECIPE → P032

ゴーヤーの肉巻き揚げ

RECIPE → P032

スティック状に切ったゴーヤーに
豚肉を巻きつけて、からっと揚げます。
切り分けると可愛らしいゴーヤーの断面が顔を見せます。
味つけはカレーマヨネーズのタレ。
お弁当に入れれば、ご飯が進むおかずとなります。

ガーリックライスとステーキ&ゴーヤーのトマトケチャップ味噌グリル

ゴーヤー

RECIPE → P033

ゴーヤーにケチャップと味噌を合わせて塗りつけてから、グリルします。
力強い苦味が、脂身のあるステーキの味わいをどっしりと受け止めます。
ガーリックライスと一緒に食べれば、さらにガッツリとした味わいに。
疲れを吹き飛ばしてくれる、スタミナがつく一品です。

ふわふわ卵のゴーヤーチャンプルー

→ P026

材料（3〜4人分）

ゴーヤー … ½本
もち麸 … 8個
卵 … 4個
A
きび砂糖 … 大さじ1⅔
醤油 … 小さじ2
塩 … 小さじ¼
鰹節 … ひとつかみ
米油 … 大さじ2½
胡麻油 … 大さじ½

1 ゴーヤーは縦半分に切り、ワタを取り出し、種は取り除き、一口大にちぎる。実の部分は3㎜幅に切る。もち麸は、たっぷりの水に5分ほどつけて戻し、水気をしっかり絞って半分にちぎる。

2 ボウルに卵を溶きほぐし、**A**ともち麸、ワタを混ぜ合わせる。

3 フライパンに米油大さじ2を強火で熱し、**2**を一気に流し入れる。縁が膨らんで固まったら、大きく4〜5回かき混ぜ、半熟の状態で皿に取り出す。

4 フライパンに米油大さじ½と胡麻油を入れて中火で熱し、ゴーヤーを炒める。色が鮮やかになってきたら**3**を戻して炒め合わせる。皿に盛りつけ、鰹節をのせる。

ゴーヤーの肉巻き揚げ

→ P028

材料（16本分）

ゴーヤー … 1本
豚ロース肉（しゃぶしゃぶ用）
… 300〜350g
生姜 … 80g
A
カレー粉 … 小さじ1½
醤油 … 大さじ1½
オイスターソース … 大さじ1½
水 … 大さじ1
片栗粉 … 適量
マヨネーズ … 大さじ2
揚げ油 … 適量

1 ゴーヤーを縦半分に切り、ワタと種を取る。半分の長さに切って、さらに縦に4等分に切る。生姜は皮をむき、せん切りにする。**A**をバットに入れ、混ぜ合わせておく。

2 豚肉を広げて、ゴーヤー一切れとその上に生姜を満遍なくのせ、くるくると巻く。豚肉の幅が足りない場合は2枚を重ねるように広げて使うといい。

3 揚げ油を180℃に熱し、**2**に片栗粉を薄くまぶして3分ほど揚げる。揚げ色がついたらバットに移し、タレを軽くからめる。

4 粗熱が取れたら、一本を3等分に切り分けて皿に盛りつける。バットに残ったタレにマヨネーズを混ぜ合わせて添える。

ガーリックライスとステーキ&ゴーヤーのトマトケチャップ味噌グリル

→ P030

材料(4人分)

ゴーヤー … ½本

A
- トマトケチャップ … 大さじ2
- 味噌 … 大さじ1

牛肉(ステーキ用)
… 150〜200g

ご飯 … 2合分

にんにく(みじん切り) … 2片

青じそ(せん切り) … 4枚

醤油 … 大さじ1

塩 … 適量

胡椒 … 適量

オリーブオイル … 適量

1 ゴーヤーは縦半分に切り、種とワタを取り、半分の長さに切る。牛肉は室温に戻し、塩と胡椒をふる。

2 **A**を混ぜ合わせ、ゴーヤーの内側に塗りつける。魚焼きグリルで内側を上にして中火で6分ほど焼き、1cm幅に切る。

3 ガーリックライスをつくる。フライパンにオリーブオイル大さじ1とにんにくを入れ、弱火で熱する。にんにくが香りよく色づいたら、ご飯を加えて炒める。パラパラになったら醤油を回しかけ、よく混ぜ合わせて皿に広げる。

4 フライパンにオリーブオイル大さじ½を中火で熱し、牛肉を好みの焼き加減に焼いて、2cmほどの厚さに切り分ける。ガーリックライスの上に牛肉と**2**を盛りつけ、青じそをのせる。

レアチーズケーキ
ゴーヤーはちみつレモンソース

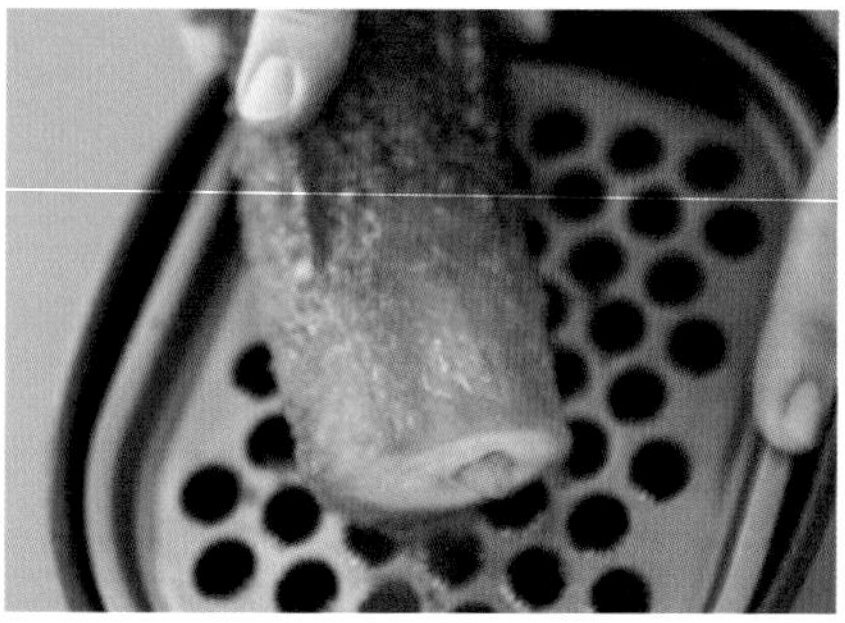

ゴーヤーはウリ科。すいかやメロンの仲間です。
意外かもしれませんが、ゴーヤーの苦味は
甘い味わいとの相性がすこぶるいいのです。
レアチーズケーキのソースにゴーヤーを使います。
ゴーヤーの余った部分はパインと一緒にミキサーにかけると、
沖縄を思わせるジュースが出来上がります。

材料（直径6cmのプリンカップ4個分）

- ゴーヤー（小）…½本
- クリームチーズ…125g
- グラニュー糖…30g
- 生クリーム…50ml
- ヨーグルト（プレーン）…100ml
- レモン汁…大さじ½
- 粉ゼラチン…3g
- **A** はちみつ…大さじ2
- **A** レモン汁…大さじ2

1 室温に戻したクリームチーズと、グラニュー糖をボウルに入れ、なめらかになるよう泡立て器でよく混ぜ合わせる。生クリーム、ヨーグルト、レモン汁を加えて、なめらかになるまで混ぜ合わせる。

2 80℃くらいの湯大さじ2に、ゼラチンを入れて混ぜ合わせる。**1**を大さじ3加えて、さらに混ぜ合わせる。

3 **1**のボウルに**2**を入れて、よくなじませたら、水にさっとくぐらせたプリンカップに、等分になるように流し込む。冷蔵庫で3時間以上冷やす。

4 ソースをつくる。ゴーヤーの表面の青い部分をすりおろし、**A**と混ぜ合わせる。**2**を型から外して皿にのせ、上からソースをかける。

里芋

里芋は皮をむくのが大変。

そう思っている方も多いと思います。試しに皮ごとローストしてみてください。パリッと焼き上げた香ばしい皮と、ねっちりした実に、これまでの苦労はなんだったんだと思うはずです。皮付きで里芋を食せば、本来の力強さを感じます。

里芋は洋食との相性が抜群です。グラタンやクリームコロッケには粗く潰して混ぜることで、舌ざわりにグラデーションが生まれます。芋らしいほくっとした食感を求めるなら、高温の油で揚げてみましょう。丸ごと揚げて頬張ると、芋の香りが口内に広がります。

皮をむくときは、栄養が詰まっている皮と実の間の部分を残すようにナイフでこそぐと、豊かな風味を味わえます。皮をむいても水洗いはグッと我慢。里芋の実は水分に触れると途端にぬめりが出てしまいます。固く絞った布巾などで表面を拭ってから煮物にすれば、さらりとした煮汁に仕上がります。

里芋は買ってすぐに調理するのは得策ではありません。湿り気のある状態では、土っぽくて垢抜けない味わいになってしまいます。たわしなどで土を落として、きれいにしたら、重ならないように並べて半日ほど風通しの良い日陰で干します。表面がからっと乾いてから使います。保存する場合は、乾いた状態で新聞紙にくるんで野菜室へ。1週間ほどはほっこりとした芋の香りときめ細かな実を味わえます。

昔ながらの知恵に倣うと「土に埋める」という保存方法もあります。旬を迎えた秋に収穫した里芋を埋めておけば、冬の間はおいしく食すことができるというもの。里芋が伝播した縄文時代から今日まで、土の中は里芋の保存場所として定番だったようです。

里芋が長く愛されてきた理由の一つに、保存期間の長さがあるかもしれません。そして、焼いてよし、煮てよし、揚げてよし。里芋はとても魅力的な食材です。

里芋のローストとサルサヴェルデ

皮ごとローストした里芋に、サルサヴェルデを添えます。
サルサヴェルデは、パセリとビネガーを効かせたイタリアのグリーンソース。
パリッと焼けた香ばしい皮の香りによく合います。
里芋と一緒に豚肉や魚もローストして盛り合わせれば、
賑やかなもてなし料理にもなります。

RECIPE → P044

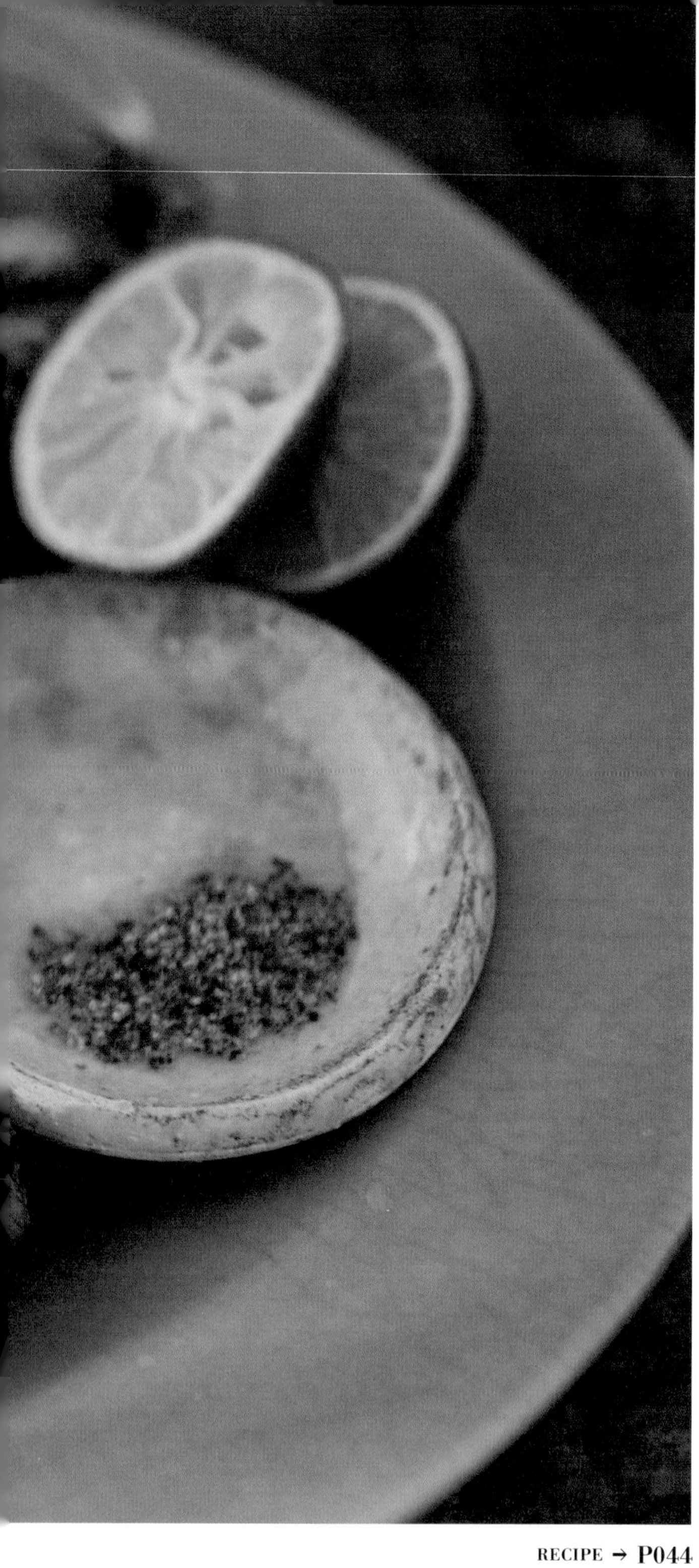

RECIPE → P044

ベトナム風 揚げ団子

里芋の薄切りとイカのすり身を合わせた揚げ団子。
ねっとりとしつつもほくっとした食感を、
塩、胡椒とすだちを添えて、さっぱりといただきます。
にんにくとディルの香りを効かせているので、
キリッと冷えた白ワインにも合うベトナム風の里芋料理です。

里芋のシーフードグラタン

里芋を「半殺し」にします。
なんだか物騒な物言いですが、
おはぎをつくるときに昔から使われている調理法のこと。
形が少し残るように里芋を粗く潰して、
なめらかな食感とごろっとした食べごたえを味わいます。
シーフードと一緒にグラタンに仕立てます。

 RECIPE → P045

里芋のローストとサルサヴェルデ

→ P038

材料（3〜4人分）

里芋…8個
イタリアンパセリの葉…15g
アンチョビ（フィレ）…3枚
ケイパー…大さじ1
にんにく…小1片
ゆで卵の黄身…1個分
白ワインビネガー…大さじ2
オリーブオイル…大さじ4

1 里芋は土を洗い落として陰干しし、上下の硬い部分を切り落とす。200℃に熱したオーブンに入れて30〜40分焼く。

2 里芋をオーブンで焼いている間に、サルサヴェルデをつくる。イタリアンパセリの葉、アンチョビ、ケイパー、にんにくをみじん切りにする。ゆで卵の黄身は包丁の腹で形がなくなるまで潰す。すべてボウルに入れ、白ワインビネガー、オリーブオイルを加えて混ぜ合わせる。

3 里芋の中心部に竹串を刺し、すっと通れば取り出す。キッチンばさみで里芋の真ん中に切り込みを入れてから二つに割り、皿に盛りつけサルサヴェルデをかける。

ベトナム風揚げ団子

→ P040

材料（3〜4人分）

里芋…2個
イカ（胴）…200g
ディル…20g
にんにく…1片
塩…小さじ1/2
粗挽き黒胡椒…小さじ1/2
すだち果汁…小さじ2
揚げ油…適量

1 里芋は皮をむいて縦半分に切ってから2㎜幅の薄切りにする。イカは適当な大きさにぶつ切りにする。ディルは飾り用に2枝ほど取り置き、茎ごと刻む。にんにくはみじん切りにする。

2 フードプロセッサーにイカ、塩小さじ1/3、黒胡椒小さじ2/3を入れてペースト状になるまで攪拌する。ボウルに移し、里芋、ディル、にんにくを加えて手で握りつぶすように混ぜ合わせる。

3 手のひらにサラダ油（分量外）を薄く塗ってから、**2**を片手で包めるほどの大きさに丸めて、180℃の油で揚げる。表面に揚げ色がついたら、取り出して油をきる。

4 **3**をディルと一緒に盛りつける。塩、黒胡椒、すだち果汁を混ぜ合わせて添える。

里芋のシーフードグラタン

→ P042

材料（3〜4人分）

- 里芋…6個
- むき海老（背ワタを抜いたもの）…150g
- 帆立…6個
- 玉ねぎ…¼個
- 椎茸…3個
- 白ワイン…大さじ2
- バター…60g
- 薄力粉…60g
- 牛乳…400㎖
- うす口醤油…小さじ1½
- オリーブオイル…適量
- ピザ用チーズ…80g
- 塩…適量
- 胡椒…適量

1
里芋は皮付きのまま蒸し器で15分ほど蒸し、粗熱が取れたら皮をむく。まな板に広げ、すりこ木などで里芋の食感が残るように粗く潰す。玉ねぎはみじん切り、椎茸は軸を取り除いて薄切りにする。

2
グラタン皿にオリーブオイルを薄く塗っておく。フライパンにオリーブオイルを中火で熱し、玉ねぎを入れて炒め、しっとりしてきたら海老と帆立を加えて塩、胡椒をふる。海老の色が変わったら椎茸と白ワインを加えて炒め合わせる。水分がなくなったら、グラタン皿に移す。

3
ホワイトソースをつくる。**2**で使ったフライパンをキッチンペーパーで拭いて、バターを入れて弱火にかける。バターが溶けたら小麦粉を加えて、木ベラでダマがなくなるまで炒め合わせる。2分ほど熱したら火を止め、蓋をして8分置く。再び弱火にかけて、ふつふつと沸いてきたら牛乳を少しずつ加え、とろみが出るまで混ぜ合わせる。うす口醤油と塩で調味する。

4
2のグラタン皿に潰した里芋を散らして、ホワイトソースを流し込む。最後にチーズをのせる。230℃に熱したオーブンに入れ、表面に焼き色がつくまで20分焼く。

里芋の柚子おろし煮

丸々とした里芋をねっとりとするまで煮て、
たっぷりの柚子おろしと合わせます。
温かい煮汁と滋味深い里芋で、心も体もほっこり。
肌寒い季節に恋しくなる味わいです。
同じくらいの大きさのものを丸ごと煮ると、
見目麗しくなります。

材料(3人分)

里芋…6個
大根…8cm
柚子…½個
三つ葉…4本
だし
　昆布(5cm角)…1枚
　鰹節…20g
酒…大さじ2
うす口醤油…大さじ2

1 だしをとる。鍋に水800mlと昆布を入れ、中〜弱火にかける。沸騰する直前に昆布を取り出して、鰹節を加える。ひと煮立ちしたら火を止めて、8〜10分置いたら、ザルにキッチンペーパーを重ねて漉す。

2 里芋は皮をむき、固く絞った布巾などで表面を拭いておく。大根はおろして水気をきる。柚子は皮をせん切りに、三つ葉は長さ2〜3cmに切る。

3 鍋にだし600mlを入れて中火にかけ、煮立ったら里芋を入れる。酒とうす口醤油を加えて落とし蓋をしたら、里芋の中心に竹串がすっと刺さるようになるまで蓋を少しずらして20分ほど弱火で煮る。

4 大根おろしを**3**の鍋に加えて3分ほど煮て、柚子の果汁を搾り、火を止める。皿に盛り、柚子の皮と三つ葉を添える。

せり

春の七草として、日本で古くから親しまれている、せり。一カ所から競るように生える様子が、その名の由来となっています。

韓国では、キムチやナムルでその姿を目にします。漬けても残る茎の食感は酸味や辛味と好相性。発酵の香りと合わせても存在感を失うことはありません。

鼻に抜ける清らかな香りは、バター、オリーブオイルともなじむ懐の深さがあるので、カルパッチョに添えてみたり、パスタに加えてみたり。相手を選ばず、爽やかさを加えてくれる野菜です。

和食では、白和えや胡麻酢和えが定番。シンプルながら、せりの魅力が余すところなく発揮されます。ザクザクと刻んでお吸い物に加えても、ふわ～と立ち上る香りが愉しめます。葉と茎は生で食べることもできます。刻んで散らすだけで個性が光るので、手軽に季節感を味わうことができるのです。

捨ててしまいがちな根も重宝します。小麦粉をまぶしてからっと揚げれば、小気味よい食感の肴に様変わり。また清涼感のあるだしが出るので、肉のアクや臭みを抑える効果もあります。煮物などにも加えてみてください。

実はパクチーや人参もせりの仲間。目を凝らしてみると、葉っぱの形状がよく似ている

ことに気づきます。セリ科の葉は蒸れやすく、日持ちがしません。香りや風味、食感がどんどん薄れていきます。保存は考えずに、使いたいと思う日に、使い切りましょう。

買ってきたせりは、まずは土を纏った根をきれいに。水につけながら細かいブラシなどでこすると、土臭さがなくなります。

せりが出回る時季は年に2回。4月〜6月に出荷するものは「葉せり」。9月〜3月に出荷されるものは「根せり」と呼び名も違います。葉せりはシャキシャキとした食感の繊細な茎が特徴。サラダや和え物に生で混ぜたりします。一方、根せりは茎が太くなり、香りがより野性味を帯びてきます。しっかりした食感で鍋や煮物に向いている味わいです。

せりのジョン

せりに粉と卵をまぶして焼き上げるシンプルな韓国料理です。
シャキッとした心地よい食感と、爽やかな香りが愉しめます。
唐辛子とナンプラーでつくるタレには
きび砂糖を加えるのでコクのある味わいに。
オリーブオイルと塩で食べても○。

 RECIPE → P056

RECIPE → P056

アサリとせりのリゾット

アサリの旨味を吸わせたリゾットにせりの香りを纏わせます。
米はアルデンテに炊くと転がるような口当たりで、
アクセントのある食感に。
味つけは塩、バター、オリーブオイル。
シンプルなので胃の腑にも優しい料理です。

肉焼きそば
梅風味

せり

RECIPE → P057

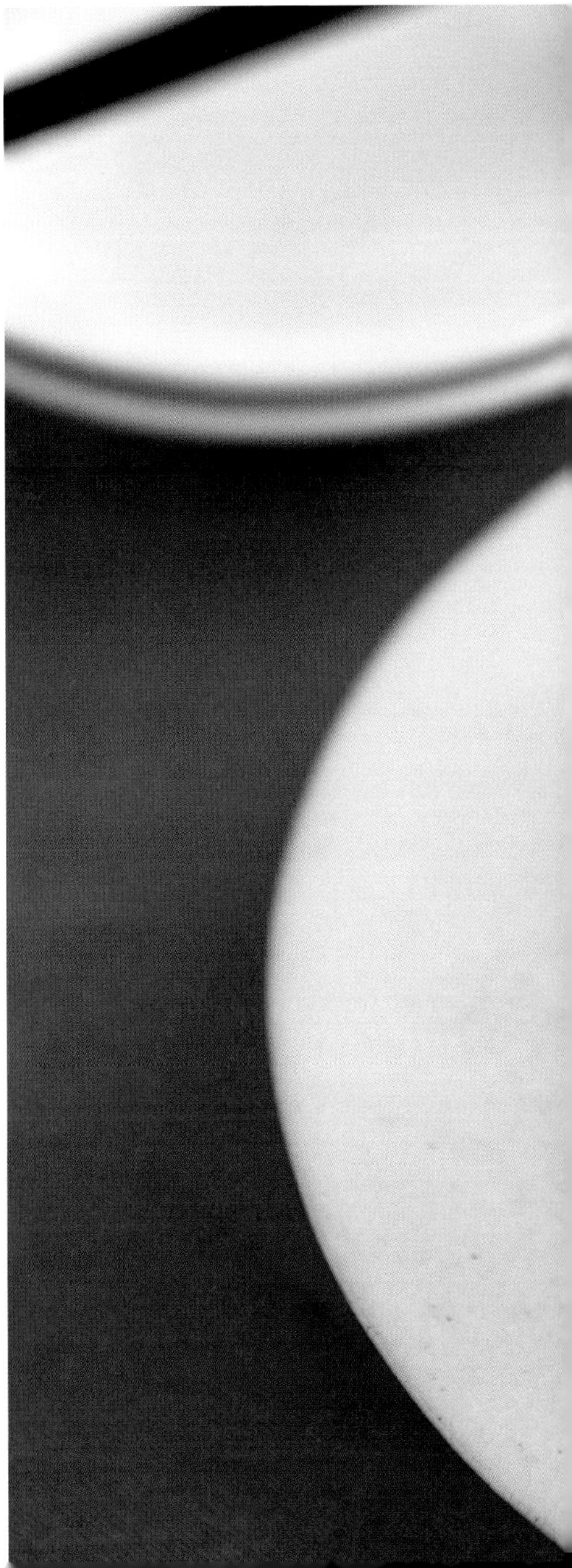

せりは野趣あふれる味わいながらも上品な香り。
酸味と旨味がある梅とは好相性。
焼きそばに加えると、
休日の昼食が、もてなし料理に変身します。
味つけに使う煎り酒は、
冷凍保存もできるので心強い調味料となります。

せりのジョン

→ P050

材料（3〜4人分）

せり … 120g
卵 … 2個
薄力粉 … 大さじ5
胡麻油 … 大さじ2
赤唐辛子（生）… ½本

A
ナンプラー … 大さじ1
レモン汁 … 大さじ1
水 … 大さじ1
きび砂糖 … 小さじ1

1 赤唐辛子を細かく刻み、**A**の調味料と混ぜ合わせてタレをつくる。

2 せりは長さを半分に切り、上下互い違いにして厚みにばらつきがないようバットに広げる。薄力粉を全体にまぶしつけてから、溶きほぐした卵を回しかけて、せりに纏わせる。

3 直径24㎝のフライパンに胡麻油を中火で熱し、**2**を広げる。バットに残った卵液を回しかけて、ヘラで押さえながら両面を香ばしく焼く。食べやすい大きさに切り分け、皿に並べて、**1**を添える。

アサリとせりのリゾット

→ P052

材料（2人分）

せり … 120g
アサリ … 300g
米 … ½カップ
にんにく … 1片
白ワイン … 大さじ3
オリーブオイル … 適量
バター … 15g
塩 … 小さじ⅔

1 砂抜きしていないアサリを使うときはバットに広げ、濃度3％の塩水をひたひたに張って、冷蔵庫で一晩置く。せりは2㎝幅に刻んでおく。にんにくはみじん切りにする。

2 鍋にオリーブオイル大さじ1を中火で熱し、にんにくを入れ、ほんのりと色づいてきたらアサリを入れる。白ワインと水100㎖を加えてから蓋をして強火で3分ほど蒸し煮にする。

3 アサリの口がすべて開いたら、火を止めてアサリを取り出す。煮汁に米と水350㎖を加えて中火にかけ、ひと煮立ちしたら一度ざっくりと混ぜて弱火で13〜15分煮る。

4 仕上げにせりとバターを加えてひと混ぜする。アサリを戻し入れ、塩で味を調える。好みでオリーブオイルを回しかけてもいい。

肉焼きそば 梅風味

→ P054

材料（2人分）

蒸し麺（焼きそば用）… 2玉
せり … 120g
小ねぎ … 4本
豚こま切れ肉 … 100g
赤ピーマン … 1個
生姜 … 1片
胡麻油 … 小さじ2
塩 … 適量
胡椒 … 適量
煎り酒（つくりやすい分量）
梅干し … 1個
昆布（3cm角）… 1枚
酒 … 1カップ
鰹だし … 1カップ
白梅酢 … ½カップ
味醂 … 45mℓ

1 煎り酒をつくる。鍋に昆布、酒を入れて中火にかける。ひと煮立ちしたら、鰹だしと白梅酢、味醂を加えて半量になるまで煮詰める。火を止めて種を取った梅干しをほぐし入れ、粗熱が取れたら瓶などに入れて保存する。

2 せりと小ねぎは長さ3〜4cmに、赤ピーマンと生姜はせん切りにする。蒸し麺に沸かした湯を回しかけてさっとほぐし、水気を取っておく。豚肉は食べやすく切る。

3 フライパンに胡麻油を中火で熱し、麺を広げる。焼き色がつくまで香ばしく焼いたら、いったん取り出しておく。

4 フライパンに豚肉を入れて中火で炒め、塩と胡椒をふり、生姜を加える。せりの茎、小ねぎ、赤ピーマンを加えてさっと炒め合わせたら、煎り酒小さじ2で味つけする。麺を加えてなじませ、せりの葉を入れて塩と胡椒で味を調えたら皿に盛りつける。

豚肉と大根とせりの煮物

せりを丸ごと使った甘辛い和風の煮物です。
煮てもなお残るせりの小気味よい食感を味わいましょう。
齧ると清涼な風味が広がる根は、
煮物の味わいを彩る名脇役。
茶色に染まりがちな煮物に鮮やかな緑が寄り添うので、
見た目にも美しい一品です。

材料(3〜4人分)
せり…150〜200g
大根…½本
豚肩ロース肉(塊)…300〜350g
醤油…60㎖
味醂…60㎖

1 せりは根と茎と葉の部分に切り分ける。大根は厚さ2.5㎝の輪切りにしてから皮をむいて、4〜6等分に切る。豚肉は2〜3㎝角に切る。

2 大きめの鍋に大根と豚肉を入れて、具材がすべて浸るぐらいの水を注いで強火にかける。煮立ったら中火で2分ほどゆでてザルに上げる。

3 鍋を洗って、大根と豚肉を戻し入れ、具材が浸るぐらいの水と醤油、味醂を加えて強火にかける。煮立ってきたらアクを取って弱火に。落とし蓋をして20分ほど煮る。

4 せりの根を先に鍋に入れて2分ほど煮たら、茎と葉を入れてひと煮立ちさせて火を止める。

夏野菜の王様、とうもろこし。蒸すだけで果実のような甘味を愉しめます。さらに濃縮した味わいを求めるなら、表面に焼き目がつくほどしっかり焼きつけてみてください。水分が抜けることで、甘味と旨味が凝縮します。さらにポタージュにすると普段の蒸したとうもろこしとの違いを実感できます。焼き目をつけた実は、削ぎ落としてサラダに加えると、香りと彩りも鮮やかになって重宝します。焼くときには魚焼き用のグリルを使ってみましょう。弱火で10分、角度を変えてさらに10分。グリルの中に入れておくだけで焼きとうもろこしが完成します。

とうもろこしは、ひょろりと伸びるひげ根も魅力の一つ。一本一本が実に直結しているので、爽やかな甘い香りが特徴です。東南アジアではココナッツミルクと一緒に煮て、香りづけに使われることもしばしば。栄養価が高く、食物繊維も豊富に含まれているので、捨ててしまうにはもったいない部分です。蒸しパンや菓子の生地に混ぜ込んで焼けば、とうもろこしを余すところなく演出することができます。

青い皮にも活用する術があります。蒸し器の底に敷けば、甘い香りが食材にほんのりと移ります。柔らかい実を守るために頑丈にで

とうもろこし

きている皮は、ナチュラルな見た目もかわいく、包み紙に使っても愉しめます。とうもろこしの皮は、実の鮮度を保つため外気に触れないようにする役割もあるので、調理する直前までむかずにおきましょう。皮ごと新聞紙などで包んでおけば、おいしさを長持ちさせることができます。とうもろこしの鮮度を見極めるときも、皮はとても重要なポイントです。色が濃く、瑞々しいハリのあるものを選びましょう。

　昨今では、とうもろこしの芯を白米と一緒に炊き上げるレシピもありますが、スープなどへ具材と一緒に投入しても、甘い香りのだしが出て滋味深い仕上がりになります。

　とうもろこしは捨てるところのない野菜です。食べ尽くして、大地の恵みを堪能してください。

エスニック焼き飯

とうもろこし

とうもろこしの実をこんがり焼くと、
甘味が詰まったトッピングに様変わり。
香ばしく仕上げるために、
おこげができるまでじっくり待つことが大切です。
味つけの要はナンプラー。
とうもろこしと魚の旨味でご飯が進みます。
暑い夏でも食欲がわき立つ、
食べごたえある焼き飯です。

 RECIPE → P068

とうもろこし ちまき風

RECIPE → P069

とうもろこしの皮で具を包んでちまき風に蒸し上げます。
蒸し器から上がる湯気は、
とうもろこしの甘い香りがして食欲をそそります。
ひと手間と意外性を感じさせる見た目なので、
もてなし料理で披露してみてはいかがでしょう。

とうもろこしの皮で包んだ蒸しパン

RECIPE → P069

ほのかに甘い香りがするとうもろこしの皮。
蒸しパンの敷紙に使えば、見た目は可愛い仕上がりに。
器に張りつかないのもうれしいポイントです。
ひげ根を混ぜ込んだ生地は控えめな甘味。
簡単なおかずと一緒に食したり、朝食としてもお薦めです。

エスニック焼き飯

→ P062

材料（4〜6人分）

とうもろこし…2本
とうもろこしのひげ根…2本分
鶏もも肉…300g
えのき茸…200g
生姜…10g
青唐辛子…3本

A
米油…小さじ1
黒胡椒…小さじ½
ナンプラー…大さじ½

米…2合
米油…小さじ2
ナンプラー…適量
レモン汁…大さじ2

1 とうもろこしは長さを半分に切り、包丁で実をすべてはずす。ひげ根は茶色い部分を取り除き、長さ1cmに切る。えのき茸は根元を切り落として長さ2cmに、軸の部分はほぐす。生姜はせん切りに、青唐辛子は小口切りにする。

2 鶏肉を1.5cm角に切り、ボウルに入れて**A**の調味料と合わせてもみ込んで20分以上置く。

3 米を炊飯器に入れ、とうもろこしの芯1本分と、ひげ根を散らして炊く。

4 フライパンに米油を中火で熱し、とうもろこしの実を広げて動かさずにおく。焼き色がついたら、ナンプラー小さじ1½を鍋肌から加えて炒め合わせ、皿に取り出しておく。

5 **4**のフライパンに鶏肉の皮を下にして広げ、中火で焼く。焼き目がついたら、木ベラで返して肉全体に火を入れる。えのき茸と生姜を入れ、ナンプラー大さじ1½とレモン汁を加えて汁気をとばしながら炒め合わせる。

6 ご飯が炊き上がったら、とうもろこしの芯を取り除き、ほぐして**5**のフライパンに入れて混ぜ合わせ、鍋肌いっぱいに広げる。鍋底におこげができるまで動かさずに中火で4分加熱する。大皿に盛り、**4**の焼きとうもろこしをかけ、青唐辛子を散らす。

とうもろこしちまき風

→ P064

材料（10個分）
とうもろこし … 1本
とうもろこしのひげ根 … 1〜2本分
とうもろこしの皮 … 4〜5本分（20枚）
玉ねぎ … 50g
青じそ … 6枚
豚挽き肉 … 200g
卵 … 1個
片栗粉 … 適量
塩 … 小さじ1/3
胡麻油 … 大さじ1

1 とうもろこしは長さを半分に切り、包丁で実をすべてはずす。ひげ根は茶色い部分を取り除き、長さ1cmに切る。玉ねぎはみじん切り、青じそは茎を取り除きざく切りにする。

2 ボウルにとうもろこしの実とひげ根、片栗粉小さじ1を入れ、実をほぐすように混ぜ合わせる。豚挽き肉、卵、片栗粉小さじ2、塩、胡麻油を加えて粘り気が出るまで練り合わせたら、玉ねぎ、青じそを加えてさらに混ぜる。

3 とうもろこしの皮を2枚広げ、根元を重ね合わせて中心に**2**を30g置く。具を包むように内側に織り込んで、皮の先端を折り畳む。同じように10個つくる。

4 蒸気の上がった蒸し器に**3**を入れて、中〜弱火で12〜15分蒸す。とうもろこしの皮の間から肉汁が出てきたら蒸し上がり。

とうもろこしの皮で包んだ蒸しパン

→ P066

材料（4個分）
とうもろこし … 1本
とうもろこしのひげ根 … 1本分
とうもろこしの皮 … 3本分（12枚）
薄力粉 … 100g
ベーキングパウダー … 小さじ1
卵 … 1個
牛乳 … 60ml
きび砂糖 … 30g

1 とうもろこしは長さを半分に切り、包丁で実をすべてはずす。ひげ根は茶色い部分を取り除き、長さ1cmに切る。とうもろこしの皮を3枚使って湯呑みなどの四つのカップにずらして重ねて敷き詰める。薄力粉とベーキングパウダーを合わせてふるいにかける。

2 ボウルに卵を割り入れて、泡立て器で溶きほぐす。牛乳ときび砂糖を加えて混ぜ合わせ、合わせた粉を加える。粉気がなくなるまで混ぜたら、とうもろこしのひげ根と実の2/3の量を加えてゴムベラで満遍なく合わせる。

3 とうもろこしの皮を敷いたカップに、**2**の生地を等分になるよう流し入れる。その上に残りのとうもろこしの実を散らす。

4 蒸気の上がった蒸し器に**3**を入れ、強火で5分蒸した後、中〜弱火で12分蒸す。カップの中心に竹串などを刺して、生地がついてこなければ蒸し上がり。粗熱が取れたら、カップから取り出す。

焼きとうもろこしとクミンのモロカンサラダ

焼きとうもろこしのスパイシーサラダは、
フレッシュな野菜とローストしたクミンを合わせたモロッコ風です。
ビタミン、ミネラル、酵素がたくさん入っていて栄養価も抜群。
赤ワインビネガーで酸味を効かせているので、
焼いた肉や魚の付け合わせにしてもぴったりです。

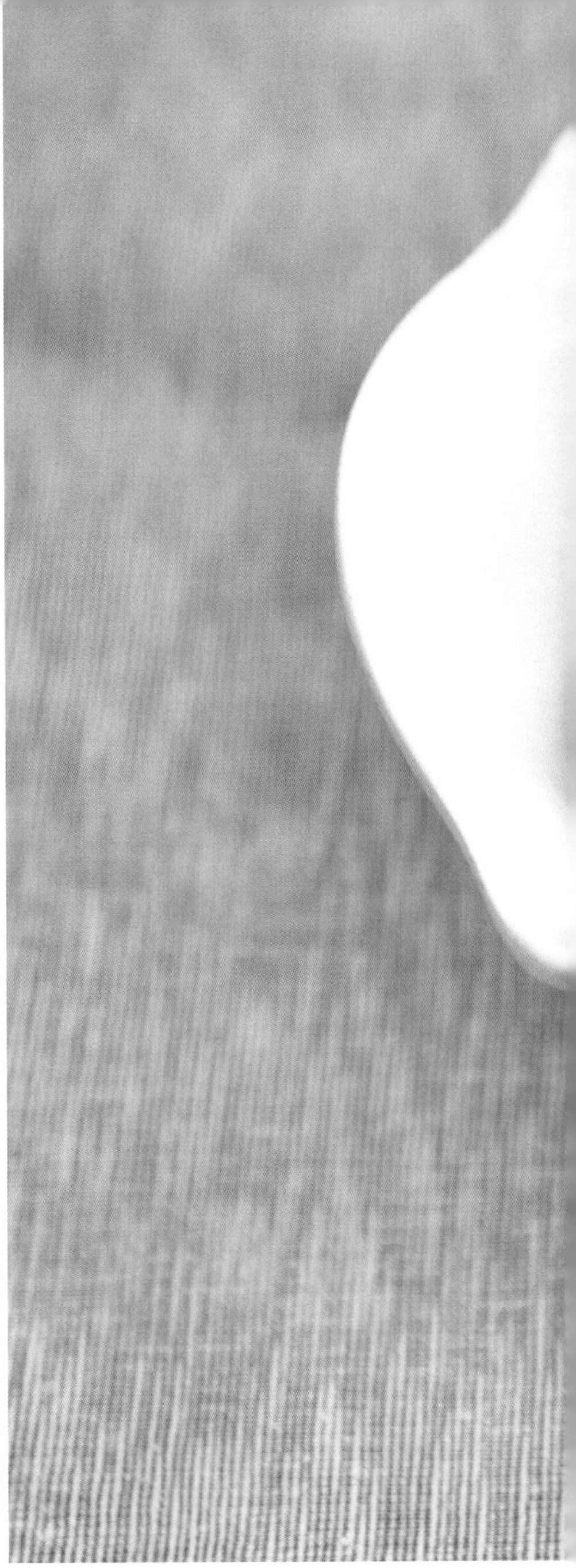

材料（3〜4人分）

- とうもろこし…1本
- フルーツトマト…2個
- ピーマン…1個
- きゅうり…½本
- ミックスナッツ（無塩）…50g
- クミンシード…小さじ1½
- オリーブオイル…大さじ1
- 赤ワインビネガー…大さじ1
- カイエンペッパー…小さじ⅓
- 塩…適量
- 胡椒…適量

1 とうもろこしを魚焼きグリルに入れて中火で10分、ひっくり返してさらに10分焼く。満遍なく焼き目がついたら取り出し、冷ましてから包丁で削るように実をすべてはずす。

2 フルーツトマト、ピーマン、きゅうりを1cm角に切る。ミックスナッツも同じ大きさに刻む。

3 フライパンにクミンシードを入れて弱火にかけ、焦がさないように揺すりながらから煎りする。クミンの香りが立ってきたら火からおろして、すり鉢などで半ずりにする。

4 ボウルに**1**、**2**、**3**とオリーブオイル、赤ワインビネガー、唐辛子を加えてよくなじませる。最後に塩と胡椒で味を調える。

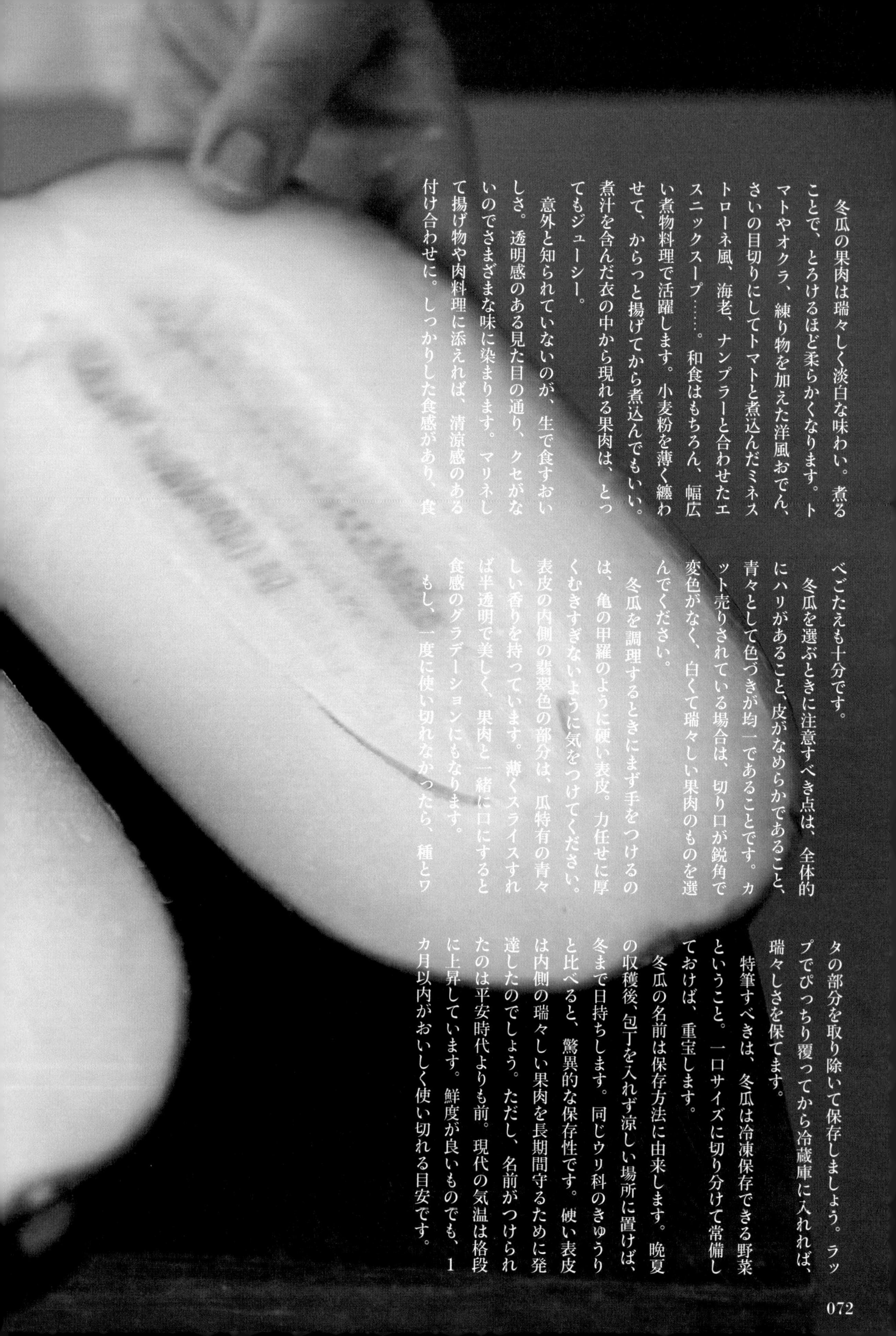

冬瓜の果肉は瑞々しく淡白な味わい。煮ることで、とろけるほど柔らかくなります。トマトやオクラ、練り物を加えた洋風おでん、さいの目切りにしてトマトと煮込んだミネストローネ風、海老、ナンプラーと合わせたエスニックスープ……。和食はもちろん、幅広い煮物料理で活躍します。小麦粉を薄く纏わせて、からっと揚げてから煮込んでもいい。煮汁を含んだ衣の中から現れる果肉は、とってもジューシー。

意外と知られていないのが、生で食すおいしさ。透明感のある見た目の通り、クセがないのでさまざまな味に染まります。マリネして揚げ物や肉料理に添えれば、清涼感のある付け合わせに。しっかりした食感があり、食べごたえも十分です。

冬瓜を選ぶときに注意すべき点は、全体的にハリがあること、皮がなめらかであること、青々として色づきが均一であることです。カット売りされている場合は、切り口が鋭角で変色がなく、白くて瑞々しい果肉のものを選んでください。

冬瓜を調理するときにまず手をつけるのは、亀の甲羅のように硬い表皮。力任せに厚くむきすぎないように気をつけてください。表皮の内側の翡翠色の部分は、瓜特有の青々しい香りを持っています。薄くスライスすれば半透明で美しく、果肉と一緒に口にすると食感のグラデーションにもなります。

もし、一度に使い切れなかったら、種とワタの部分を取り除いて保存しましょう。ラップでぴっちり覆ってから冷蔵庫に入れれば、瑞々しさを保てます。

特筆すべきは、冬瓜は冷凍保存できる野菜ということ。一口サイズに切り分けて常備しておけば、重宝します。

冬瓜の名前は保存方法に由来します。晩夏の収穫後、包丁を入れず涼しい場所に置けば、冬まで日持ちします。同じウリ科のきゅうりと比べると、驚異的な保存性です。硬い表皮は内側の瑞々しい果肉を長期間守るために発達したのでしょう。ただし、名前がつけられたのは平安時代よりも前。現代の気温は格段に上昇しています。鮮度が良いものでも、1カ月以内がおいしく使い切れる目安です。

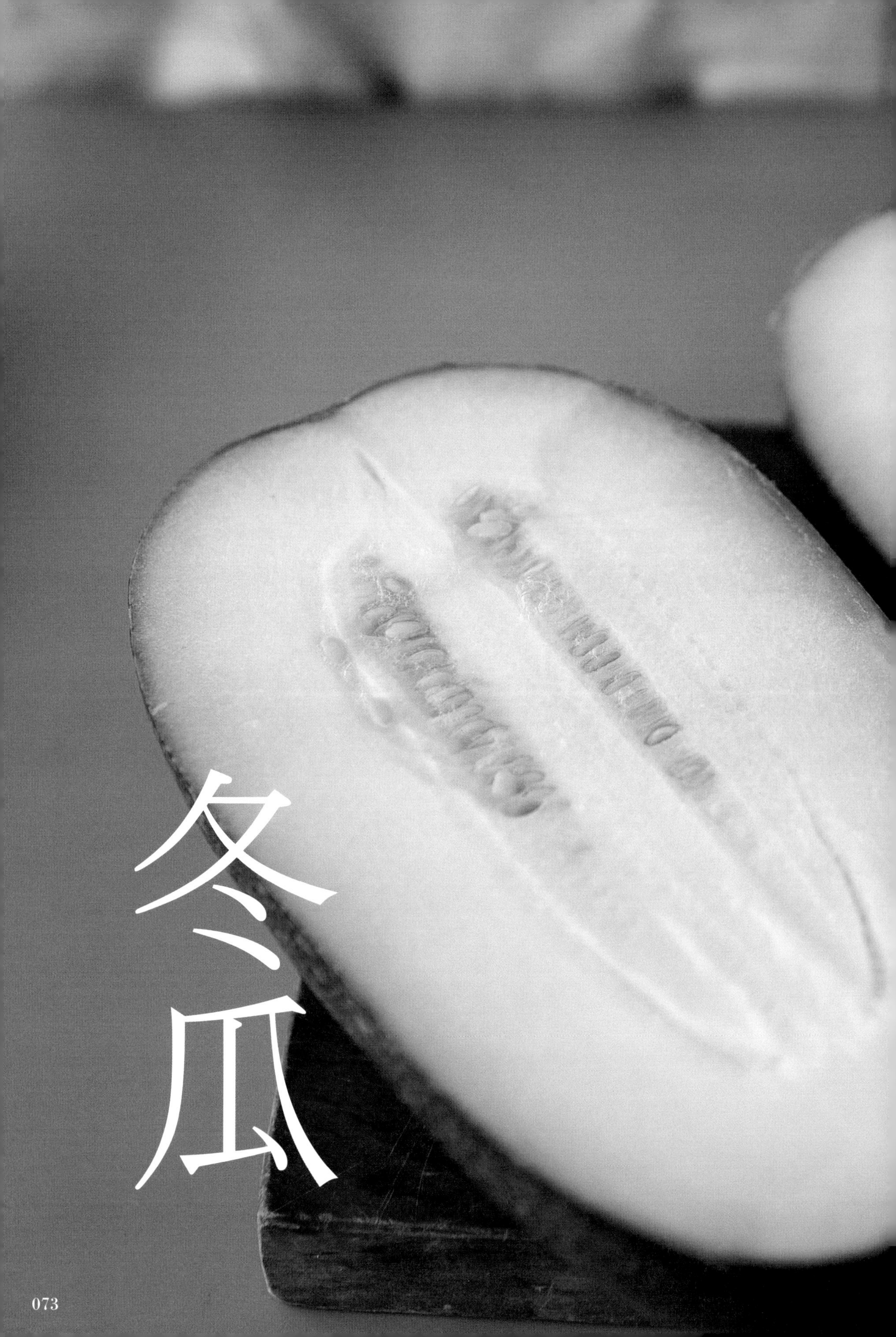

冬瓜

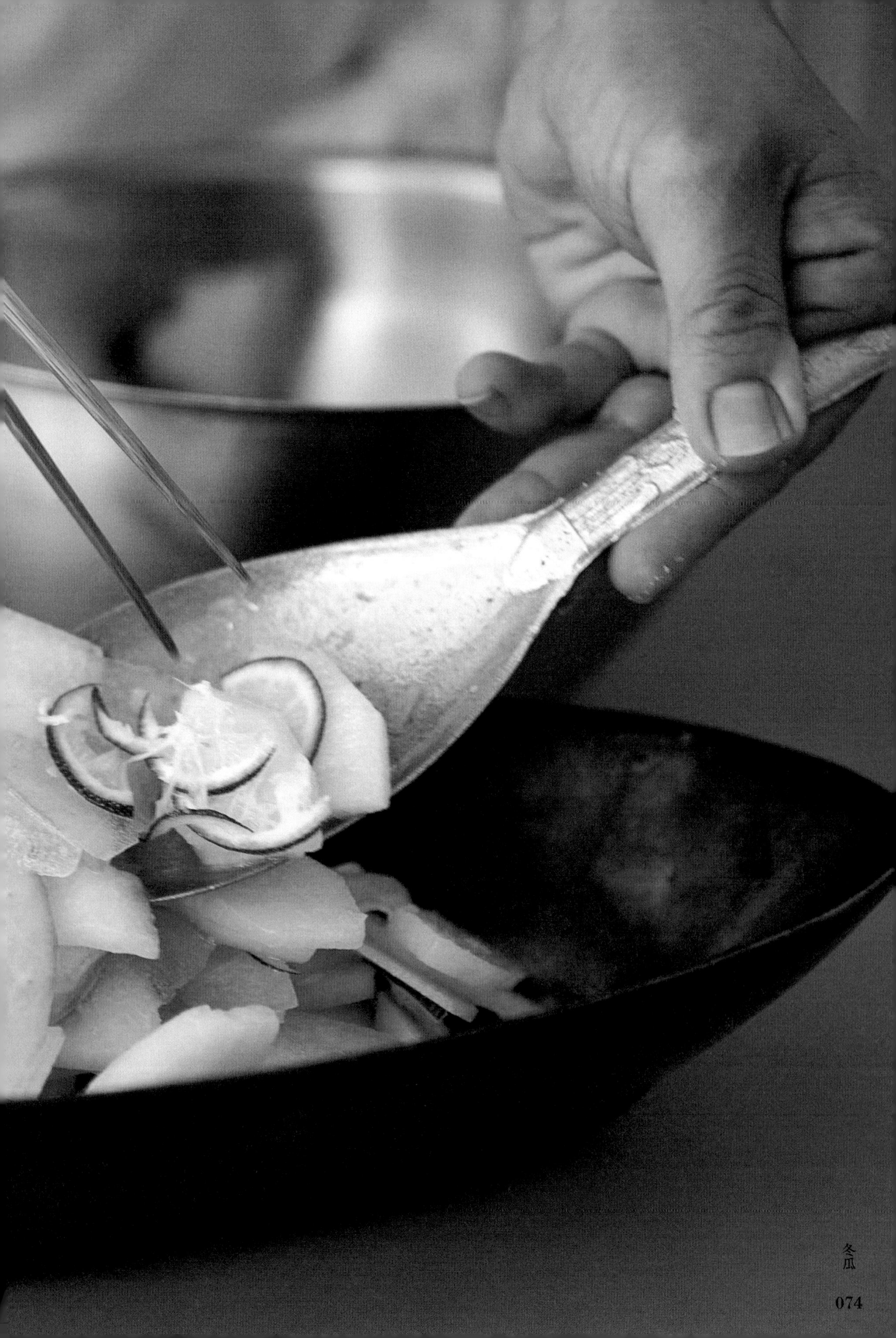

冬瓜と梨と すだちのサラダ

冬瓜と同じ時季に旬を迎える梨とすだちで仕立てるサラダです。
冬瓜は皮を薄くむくと、さくっとした食感と瓜らしい香りが残ります。
切るときは、透けるくらいの薄切りにしましょう。
盛りつけたときに美しい翡翠色となって、
視覚と味覚で涼を感じることができます。

RECIPE → P080

冬瓜とはんぺんのすりながし

冬瓜をすりおろすと、つるっとした喉ごしと
鼻へと抜ける爽やかな風味を感じることができます。
はんぺんと一緒に、鰹と昆布のだしで煮て、
すりながしとしていただきます。
仕上げに青柚子の皮を加えると、
グッと清涼感が増します。

RECIPE → P080

冬瓜とトマトといんげんのポークカレー

ごろっと角切りした冬瓜を素揚げにして、
カレーのトッピングとして加えます。
表面にルウがからみ、頬張るとスパイシーな味わいの奥に
冬瓜の甘味と香りを感じます。
しっかりとした食べごたえは、
カレーの具材として定番化したくなります。

 RECIPE → P081

冬瓜と梨とすだちのサラダ

→ P074

材料（3〜4人分）

冬瓜 … 150g
梨 … ½個
すだち … 2個
塩 … 適量
オリーブオイル … 大さじ1

1 冬瓜と梨は冷蔵庫で2時間以上冷やしておく。冬瓜はワタと種を除き、ピーラーで皮をむいて厚さ2㎜のいちょう切りにする。

2 梨は4等分に切って、皮をむき厚さ5㎜の薄切りにする。すだちは半割りにして種を取り除き、1個は厚さ1〜2㎜の薄切りにする。

3 ボウルに薄切りにした冬瓜、梨、すだちを入れ、半割りにしたすだちの果汁を搾り入れる。塩とオリーブオイルで味つけをしてさっくりと和え、皿に盛りつける。

冬瓜とはんぺんのすりながし

→ P076

材料（2人分）

冬瓜 … 150〜200g
はんぺん … 40g
鰹と昆布のだし … 300㎖
青柚子の皮 … 適量
片栗粉 … 小さじ1
A うす口醤油 … 大さじ1
　酒 … 小さじ1
塩 … ひとつまみ

1 冬瓜はワタと種を除き、ピーラーで皮をむいてすりおろす。はんぺんはビニール袋に入れてもみ、1㎝ほどの大きさの粒状にする。

2 鍋にだしを入れてひと煮立ちしたら、冬瓜とはんぺん、**A**の調味料を加えて弱火で8〜10分煮る。同量の水で溶いた片栗粉を回し入れ、混ぜながら30秒ほど加熱して火を止める。

3 器に取り分け、青柚子の皮をおろしかける。

冬瓜とトマトといんげんのポークカレー

→ P078

材料（3〜4人分）

冬瓜…500g
豚バラ肉（薄切り）…300g
トマト…2個
玉ねぎ…1個
にんにく…1片
生姜…1片
いんげん…8本
ターメリックライス
　米…2合
　ターメリックパウダー…小さじ1/3
クミンシード…小さじ1½
カレー粉…大さじ2½
鰹と昆布のだし…600mℓ
醤油…大さじ3
味醂…大さじ3
片栗粉…大さじ1
サラダ油…適量
フライドオニオン…適宜
揚げ油…適量

1 米とターメリックパウダーを一緒に炊いて、ターメリックライスをつくる。冬瓜はワタと種を除いて、ピーラーで皮をむき5㎝角に切る。豚バラ肉は長さ3〜4㎝に切り、10秒ほど下ゆでする。トマトは3㎝角に、玉ねぎは粗みじん、にんにくと生姜はみじん切りにする。いんげんは長さ3㎝に切る。

2 揚げ油を170℃に熱し、冬瓜を4分ほど素揚げにする。揚げ油を180℃に上げ、いんげんを40秒ほど素揚げにする。

3 深めの鍋にサラダ油とクミンシードを入れ、中火にかける。香りが立ってきたら、玉ねぎ、にんにく、生姜を加えて8分ほど炒める。トマトを加えて強火にして炒め、水分がとんだらカレー粉を入れてよくなじませる。素揚げにした冬瓜、豚肉、だしを加えてひと煮立ちさせる。

4 **3**の鍋に醤油と味醂を加えて5分ほど弱火で煮たら、同量の水で溶いた片栗粉を回し入れる。混ぜながら、最後にいんげんを加えて、さっと火を通したら、カレーの出来上がり。

5 ターメリックライスとカレーを皿に盛りつけ、フライドオニオンを散らす。

冬瓜のアチャール

「アチャール」はインドやネパールの、野菜などを使った漬物のこと。
漬物といっても、日本と違ってオイルを使ってつくったりもします。
スパイスの香りとレモンの酸味が効いているので、
カレーに添えると副菜として活躍します。

材料（3〜4人分）

冬瓜…300g
紫玉ねぎ…½個
にんにく…1片
生姜…1片
しし唐…4本
マスタードシード…小さじ1
クミンシード…小さじ⅔

A
ターメリックパウダー…小さじ½
チリペッパー…小さじ⅓
レモン汁…大さじ2

塩…小さじ1
米油…大さじ2
すり胡麻（白）…大さじ2

1 冬瓜はワタと種を除いて、ピーラーで皮をむき、1.5cm角に切る。ボウルに入れて塩をふり、しっかりともみ込む。紫玉ねぎ、にんにく、生姜はごく薄切りに、しし唐は小口切りにする。

2 鍋に米油とマスタードシードを入れて弱火にかける。パチパチと弾ける音がしたら、火を止めて蓋をし、音が鳴り止むまで待つ。蓋をはずして中火にし、紫玉ねぎ、にんにく、生姜、しし唐、クミンシードを加えて炒め合わせる。

3 にんにくがほんのり色づいたら、冬瓜を入れて炒め合わせる。**A**を加えて、汁気をとばすように混ぜながら炒める。すり胡麻を加えて火を止め、皿に盛りつける。

菜の花

菜の花が旬を迎えるのは2月。冬を耐え忍ぶため、茎を太くして栄養を蓄えます。さっとゆでて齧ると、こりっとしたワイルドな食感。程よく感じるえぐみは、味覚を引き締めます。ちりめん状の葉は、おいしいだしをたっぷりと含むので、おひたしやしゃぶしゃぶにぴったり。茎と葉をそれぞれ刻んで炒め物やパスタに加えれば、菜の花の香りとほろ苦さを手軽に感じることができます。

ゆでるときは、ちょっとしたひと手間で仕上がりの印象がまるで変わります。茎のゆで時間は、食感が残る30〜40秒。葉は10秒もゆでれば十分。ゆで時間を変えることで、繊細な食感が生まれます。湯から上げるときは冷水につけず、ザルに広げて粗熱を取る「陸上《おかあ》げ」がお薦め。菜の花が豊富に蓄えた旨味と栄養素が損なわれません。食材を生かす和食の技法です。

面白いことに、西洋的な調理法ではまったく逆の発想。菜の花をくたくたになるまで煮てしまいます。エキスが溶け出した煮汁ごとパスタソースにすると、苦味の奥から優しい甘味が現れ、なんとも滋味深い味わいになるのです。

炒めるにしろ、ゆでるにしろ、買ってきた菜の花をそのまま調理しても実力は発揮されません。なぜなら、野菜売り場ではぎゅっと束ねられた状態で、息が詰まっているようなもの。まずは一本ずつバラバラにして、冷水につけておきましょう。10分もすると、萎んでいた葉が、力強さを取り戻します。収穫したてのような新鮮さが蘇り、茎の食感も葉の瑞々しさも格段に良くなります。保存するときは、しっかりと水きりをして、ビニール袋に入れておけば、1週間ほどは大丈夫。

春が近づくと出逢う菜の花は、蕾から黄色い花がちらほら。「[illegible]」と呼ばれ、懐[illegible]などにもよくあしらわれます。花が咲くのは、旬が終わりに近づいている合図です。名残の菜の花は、からし和えなどにすると緑と黄のコントラストが美しい仕上がりとなります。

菜の花とナッツの洋風白和え

ほろ苦い菜の花を胡麻豆腐でつくったコクのあるクリームと合わせます。
アクセントに加えるのはレモンの酸味とナッツの香ばしさ。
菜の花のワイルドな風味が穏やかに愉しめます。
ざっくりと和えると、緑と白のコントラストが美しく仕上がります。

 RECIPE → P092

RECIPE → P092

焼き菜の花と生ハムポーチドエッグ

菜の花をこんがりと焼いてみましょう。

臆せずしっかりと焼き色をつけると、苦味に香ばしさと甘味が加わります。

生ハム、ポーチドエッグと一緒に食せば、塩味とまろやかさでメリハリのある味わいに。

なるべく太い茎の菜の花を焼くと、こりっとした食感も愉しめます。

くたくた菜の花のオレキエッテ

RECIPE → P093

菜の花の旨味とほろ苦さを生かして、パスタソースをつくります。
合わせるのは、耳たぶのような形のオレキエッテ。
くたくたに煮た菜の花がよくからみ、たっぷりと旨味を堪能できます。
お好みで、から煎りしたパン粉をふりかけます。

菜の花とナッツの洋風白和え

→ P086

材料（3〜4人分）

菜の花 … 150g
木綿豆腐 … 150g
レモン … 1/2個
オリーブオイル … 適量
練り胡麻（白）… 大さじ1
はちみつ … 小さじ2/3
塩 … 小さじ1/3
ミックスナッツ … 適量

1 豆腐をペーパータオルに包んで、その上に皿を3〜4枚のせ、15〜20分水きりする。

2 菜の花は大きな葉が付いていれば、取り分けておく。鍋にたっぷりの湯を沸かし、茎は40秒ほど、葉は10秒ほどゆでてザルに広げて粗熱を取る。長さ3cmに切り、水気をしっかりと絞り、ほぐしてボウルに入れる。

3 豆腐をフードプロセッサーでペースト状にしたら、レモン果汁大さじ1、オリーブオイル大さじ1、練り胡麻、はちみつ、塩を加えて、なめらかなクリーム状になるまで撹拌する。フードプロセッサーがなければ、すり鉢やボウルで混ぜ合わせる。

4 **2**に**3**を加えて、ざっくりと和えたら器に盛りつける。砕いたミックスナッツを散らし、レモンの皮をすりおろして、好みでオリーブオイルを回しかける。

焼き菜の花と生ハムポーチドエッグ

→ P088

材料（2人分）

菜の花 … 8本
卵 … 2個
生ハム … 4〜6枚
酢 … 大さじ1
塩 … 小さじ1
バルサミコ酢 … 適量
オリーブオイル … 適量

1 ポーチドエッグをつくる。小鍋に湯600mlを沸かし、酢と塩を加える。弱火にし、お玉に割り入れた卵を静かに湯の中に入れる。広がる白身を、お玉で黄身のほうに寄せながら一つにまとめる。好みの半熟具合になるまで加熱する。取り出したら水にくぐらせてからキッチンペーパーで水気を取る。

2 菜の花は大きな葉を取り、茎の太い部分の表皮をピーラーでむく。フライパンにオリーブオイルを熱し、菜の花を入れて焼き目がしっかりとつくまで、両面を焼く。

3 皿に菜の花、生ハム、ポーチドエッグを盛り合わせる。塩（分量外）とバルサミコ酢、オリーブオイルをかける。

くたくた菜の花のオレキエッテ

→ P090

材料（3〜4人分）

菜の花…200〜250g
オレキエッテ…120g
にんにく…1片
アンチョビ…2〜3枚
赤唐辛子（乾燥）…1本
パン粉（から煎りする）
…大さじ2
オリーブオイル…適量
塩…適量

1 菜の花を長さ2㎝に切る。鍋にたっぷりの水と1％（水1ℓなら10g）の塩を入れて沸かす。菜の花は6〜7分、オレキエッテは袋に表示されている時間ゆでる。パスタ同士がくっつかないように、時々混ぜるといい。

2 皮をむいて潰したにんにくと、オリーブオイルを鍋に入れて弱火にかける。にんにくが茶色く色づいたらアンチョビと赤唐辛子を加えて、木ベラで潰しながら30秒ほど炒め合わせる。

3 ゆで上がった菜の花を先に取り出して**2**に加え、木ベラで菜の花の茎をつぶしながらくたくたになるまで加熱する。続いてオレキエッテを加えて炒め合わせ、塩で味を調えて器に盛る。最後にから煎りしたパン粉をふりかける。

菜の花とちりめんじゃこの混ぜ込みご飯

菜の花のからし和えを炊きたてのご飯に混ぜ込みます。
温かい湯気とともに上がってくる
菜の花の香りに、きっと食欲が刺激されるはず。
さっくりと混ぜ合わせながら茶碗によそって、
温かいうちに召し上がってください。

材料（4人分）

菜の花…200g
米…2合
ちりめんじゃこ…40g
昆布（5㎝角）…1枚
卵…2個
酒…適量
醤油…大さじ3
練りがらし…小さじ2
塩…適量
米油…適量

1
研いだ米を炊飯器に入れ、昆布、酒小さじ2を加えて炊く。炊き上がる5〜10分前にちりめんじゃこを加えて蒸らす。

2
菜の花は大きな葉が付いていれば、取り分けておく。鍋にたっぷりの湯を沸かし、茎は40秒ほど、葉は10秒ほどゆでてザルに広げて粗熱を取る。3等分に切ってからボウルに入れて、醤油を回しかけて軽くもみ込む。菜の花を絞って、茎は小口切りに、葉は粗くみじん切りにする。絞り汁を小さじ2ほど取り置き、練りがらしをよく溶かしてから菜の花と和える。

3
別のボウルに卵を溶きほぐして酒小さじ1と塩少々を加える。米油を弱火で熱したフライパンに卵を加え、箸4本で混ぜながら細かい炒り卵をつくる。

4
炊き上がったご飯をほぐしたところに、**2**と**3**を加え混ぜ合わせたら器によそう。

AMRIT

パクチー

コリアンダー。

香菜《シャンツァイ》。

コエンドロ。

カメムシソウ。

すべてがパクチーの呼び名です。

カメムシにたとえられる香りは、好みが分かれます。一片でもパクチーが入っていると違和感を感じる人もいれば、これでもかとばかりにパクチーを使って、その香りを愛してやまない人も少なくありません。嫌悪と偏愛がこれほどまでに分かれる野菜も珍しいのではないでしょうか。


一年を通して野菜売り場に並んでいるパクチー。葉の色が濃く、茎がしっかりしているものが鮮やかな香りを纏っている証です。調理するバリエーションが広がるので、根付きのものを選んでください。セリ科に類する野菜なので、水気に弱く繊細。保存することは考えず、使いたいときに使う分だけを買うことをお薦めします。もし食べ切れずに残ってしまう場合は、水分をしっかり拭き取り、乾いたキッチンペーパーで覆って、ビニール袋に空気を入れて膨らませた状態で野菜室で保存するといいでしょう。冷風が直接当たる場所は避けるようにしてください。

世界各国で親しまれているパクチーは個性的な香りゆえに、代用の利かない食材とも言えます。インドではペースト状にしてチャツネをつくり、肉や魚の旨味を引き立てます。タイでは茎や葉よりも根を使うのが定番。石鉢でしっかりと潰すことで、香りをさらに引き出します。カレーのベースに必ずと言っていいほど含まれています。ジョージアやポルトガルでは料理の上にパクチーを山のように盛りつけることもあります。

辛味や酸味、甘味など、さまざまな味わいと好相性という一面を持っているパクチー。活用の術を知れば、思いがけない、新たな組み合わせを発見するかもしれません。

セビチェ

ペルーの名物料理でもあるセビチェは、
魚介類のマリネのこと。白身魚とパクチーを、
ライム、青唐辛子でマリネすると、
爽やかな香りと辛味が一度に味わえます。
空気を含むようにパクチーをほかの具材と
混ぜ合わせると、パクチーの食感を損なうことなく
ふんわりとした仕上がりになります。

 RECIPE → P104

パクチーのチュイール

パクチーがシンボルマークのように仕上がる焼き菓子です。
ベトナムで出会って、驚きは見た目だけではありませんでした。
一口齧れば、ふわっと広がるパクチーの香りにきっと頬がほころぶはず。
少しだけパクチーが余ったときに、つくって愉しい簡単おやつです。

RECIPE → P104

チキンマライティッカ

パクチーとミントをミキサーでなめらかにして鶏肉を漬け込みます。
オーブンでじっくりと焼き上げて、パクチーソースと一緒に頬張ると、
鶏の旨味とパクチーの香りで口内が満たされます。
存在感抜群のメインディッシュです。
チキンのピース一つ一つにたっぷりとソースをのせていただきます。

RECIPE → P105

セビチェ

→ P098

材料（3〜4人分）

パクチー…30g
白身魚（刺身用）…100g
帆立（刺身用）…4個
紫玉ねぎ…¼個
グレープフルーツ…½個
青唐辛子…1本
塩…適量
胡椒…適量
A ライム果汁…大さじ3
おろしにんにく…小さじ¼
塩…小さじ⅓
タバスコ…適量

1 白身魚と帆立を1.5cm角に切り、帆立は塩と胡椒をふる。強火で熱したフライパンに帆立を並べ、表面に焼き色をつけて取り出す。粗熱が取れたら、白身魚と一緒にボウルに入れ、**A**を加えてよくなじませ、冷蔵庫で20分ほど冷やす。

2 紫玉ねぎは、ごく薄切りにして水に10分ほどさらし、水気をきる。パクチーは長さ2cmに切る。グレープフルーツは房から実を取り出し、2cmほどの大きさにほぐす。青唐辛子は薄い小口切りにする。

3 **1**を冷蔵庫から取り出し、大きめのボウルに汁ごと移し替える。**2**を加えてよく混ぜ合わせたら、皿に盛りつける。タバスコをふる。

パクチーのチュイール

→ P100

材料（20〜25枚分）

パクチーの葉…2本分
ピーナッツバター（無糖）…25g
バター（食塩不使用）…25g
きび砂糖…50g
卵白…1個分
薄力粉…30g

1 バターは室温に戻しておく。ボウルにピーナッツバター、バターを入れてペースト状になるまでホイッパーで混ぜ合わせる。きび砂糖、卵白、薄力粉の順番でボウルに加え、そのつどペースト状になるよう満遍なく混ぜ合わせる。

2 天板にクッキングシートを敷いて、**1**をティースプーン1杯分、直径7cmになるように塗り広げる。生地からはみ出さないようにパクチーの葉をちぎってのせる。170℃に熱したオーブンで8分焼く。

3 焼き上がった生地は熱いので、ヘラなどを使ってクッキングシートから手早くはずす。熱いうちに麺棒に沿わせて軽く押さえ、カーブをつけたら冷ます。

チキンマライティッカ

→ P102

材料（3〜4人分）

鶏もも肉（皮なし）… 600〜800g
青唐辛子 … 1本

A
レモン果汁 … 大さじ2
塩 … 小さじ1½
にんにく（すりおろす）… 1片
生姜（すりおろす）… 1片

B
パクチー … 50g
スペアミント … 15g
水 … 大さじ5〜6

C
生クリーム … 100㎖
プレーンヨーグルト … 50㎖
胡椒（パウダー）… 小さじ1
コリアンダーパウダー … 小さじ1
カルダモンパウダー … 小さじ1

D
レモン汁 … 大さじ1〜2
塩 … 小さじ½

1 鶏もも肉を4等分に切り、密閉袋に**A**と一緒に入れてもみ込み、20分以上置く。

2 グリーンソースをつくる。**B**の材料をミキサーに入れてピュレ状にする。ミキサーが回らなければ、水を適宜足すといい。

3 **1**の密閉袋にグリーンソースの⅔の量、小口切りにした青唐辛子と**C**を加えてもみ込み、冷蔵庫で5時間以上漬け込む。残りのグリーンソースは**D**と混ぜ合わせておく。

4 天板にクッキングシートを敷いて、**3**を隙間なく並べ、袋の中に残ったソースをかける。230℃に熱したオーブンで、肉の表面にしっかり焼き色がつくまで20分ほど焼く。

5 皿に盛りつけ、**D**と合わせたグリーンソースを鶏肉の上にかける。

パクチーとレタスの海老ワンタン鍋

パクチーを存分に堪能したい人へ贈る鍋レシピです。
ワンタンの種にパクチーの中でも最も香り高い根の部分を混ぜ込みます。
さっとゆがいた茎や葉と一緒に食せば、
ぷりっとしたワンタンの食感と、パーッと広がるパクチーの香りは、
パクチー好きにはたまりません。
つけダレは練り胡麻や黒酢など、
お好みでいろいろ試してみても愉しめます。

材料（3〜4人分）
パクチー（根付き）…150g
豚挽き肉…200g
むき海老…150g
レタス…1玉
長ねぎ…15cm
ワンタンの皮…50枚

A
生姜の搾り汁…小さじ1
片栗粉…小さじ2
塩…小さじ½
胡椒…小さじ½
胡麻油…小さじ1½

B
紹興酒…¼カップ
ナンプラー…大さじ2

薬味、つけダレ
生姜（みじん切り）…15g
紹興酒…適量
練り胡麻（白）…大さじ3
豆板醤…大さじ1
胡麻油…大さじ3
黒酢…大さじ3
酢…大さじ3
醤油…大さじ4

1 パクチーの根はみじん切りにする。茎と葉は食べやすい大きさに切る。茎の一部は薬味用に取り分け、細かく刻む。長ねぎはみじん切りに、レタスは適当な大きさに手でちぎる。

2 海老は粘り気が出るくらいまで叩き、豚挽き肉、長ねぎ、パクチーの茎を**A**とともにボウルに入れ、混ぜ合わせて肉種をつくる。

3 手のひらにワンタンの皮を1枚広げ、中央にスプーン1杯弱の肉種をのせ、三角形になるように半分に折って、皮の端を軽く押さえる。

4 鍋に1.2ℓの水と**B**を入れて中火にかける。ワンタンを食べる分だけ鍋に入れる。皮が透き通ったらゆで上がり。レタスやパクチーはさっとゆがき、お好みのタレと薬味で食べる。つけダレ用の生姜は紹興酒と合わせて変色を防ぐ。

ビーツの別名は火焔菜《かえんさい》。まるで火を噴いたかのような断面を見れば、その名も納得です。日本では食べる機会がそれほど多くないかもしれませんが、ロシアでは牛肉やキャベツなどと煮込む「ボルシチ」の食材として親しまれています。

　煮込むとホクホクした味わいになるので、細かく刻んでミートソースに加えたり、豚肉と一緒に醤油で煮込めば、ビーツが持つ甘味で肉じゃが風に。濃い味つけで食されることが多い食材です。

　丸ごとアルミホイルに包んで焼き上げるという愉しみ方もあります。180℃のオーブンで40分～1時間ほどロースト。火が通ったら皮をむいて好みの大きさに切ります。ビネガーと塩でマリネするだけで、肉や魚を彩る付け合わせの完成です。

　さっぱりと食べたいときは、生食で。皮をむいた実を薄くスライス。シャキシャキした食感と、ほんのりした甘味が味わえます。サラダに和えるだけで、鮮やかな紅色が目を引きます。適当な大きさにカットして、ラズベリーなどと一緒にスムージーにするのもお薦め。甘酸っぱくて栄養価たっぷりです。

　ビーツをスーパーなどで見かけたら、ぜひ手に取ってみてください。表面の凸凹が少なく、手に持ったときにずっしりと重さを感じるものを選んでください。包丁で半分に切ると、年輪のような紋様がついた瑞々しい実が現れるはずです。

　保存するときは、断面にぴっちりとラップをして、冷蔵庫の野菜室へ。冷気の弱い場所で保存すれば、1週間ほどは鮮度が保てます。

　ビーツは実だけでなく、葉を出荷するために栽培されていることは、ご存知ですか？　もしかしたら、知らずに食べている人がほとんどかもしれません。数種類の野菜の葉が混ぜられた「ベビーリーフ」。あの中の赤い葉脈のものがあるはずです。そう、それがビーツの葉です。もしかしたら、偶然にもビーツの実と葉が一つの皿の中で盛りつけられていることがあるかもしれません。

ビーツ

ビーツといちごのフレッシュサラダ

RECIPE → P116

ビーツは生でも食せると知っていましたか？
薄切りにしてサラダに混ぜると、
ほんのりとした甘味と根菜の香りが加わり、
味わいのバリエーションが広がります。
ビーツと同じ時季に旬を迎えるいちごと合わせ、
食卓に華を添える赤いサラダをつくります。

柚子味噌はさみ揚げ

揚げたビーツはもちもちとした食感。
まるで上質な蓮根を思わせる食べごたえです。
柚子味噌と合わせた鶏挽き肉の旨味とよく合います。
手づくりの柚子味噌は、炒めものや焼きおにぎり、
ふろふき大根などにも活用してください。

 RECIPE → P116

ビーツのちらし寿司

薄くスライスしたビーツをピクルスにします。
漬け汁と一緒にご飯に混ぜ込み、
ツナとセロリをマヨネーズで和えて飾れば、
洋風ちらし寿司の出来上がり。
シンプルな材料で、紅白のめでたいルックスに仕上がります。
祝い事などのハレの日には場が華やぐ一皿です。

 RECIPE → P117

ビーツといちごのフレッシュサラダ

→ P110

材料（3〜4人分）
ビーツ…80g
いちご…9個
ルッコラ…30〜40g
クレソン…30〜40g
オリーブオイル…大さじ1
赤ワインビネガー…大さじ2
塩…ひとつまみ

1 ビーツは皮をむき、食べやすい大きさにしてスライサーで厚さ2㎜に切る。いちごはヘタを取って、4〜6等分に切る。ルッコラとクレソンは長さ3㎝くらいのざく切りにする。

2 ボウルにビーツを入れ、赤ワインビネガーと塩を加えて混ぜ合わせる。ビーツから水分が出てきたらいちごを加えてなじませるように軽く混ぜる。

3 ルッコラとクレソンを加え、オリーブオイル、塩少々を回しかける。ボウルの底からすくい上げるようにざっくりと混ぜ合わせて、皿に盛る。

柚子味噌はさみ揚げ

→ P112

材料（3〜4人分）
ビーツ…1個
柚子味噌（つくりやすい分量）
柚子…1個
味噌…75g
酒…小さじ2
味醂…小さじ2
はちみつ…小さじ1½
鶏挽き肉…150g
片栗粉…適量
揚げ油…適量
粗塩…ひとつまみ

1 柚子味噌をつくる。柚子の皮をみじん切りにする。鍋に柚子の果汁を搾り、味噌、酒、味醂、はちみつを入れて中火にかける。ひと煮立ちしたら弱火にして、木べラで混ぜながら水分をとばす。味噌にとろみがついたら柚子の皮を加える。2分ほどしたら火を止める。

2 柚子味噌の粗熱が取れたら、ボウルに柚子味噌10gと鶏挽き肉を入れもみ込む。

3 ビーツの皮をむき、縦半分に切ってから7㎜の厚さに半月切りにする。ビーツ一枚の上に**2**を15gのせ、ビーツをもう一枚使ってはみ出さないように挟む。片栗粉を薄くまぶす。

4 170℃に熱した揚げ油に**3**を入れ、ほんのりと色がついたら取り出す。余分な油を落とし、半分に切って皿に盛り、粗塩をふる。

ビーツのちらし寿司

→ P114

材料(3〜4人分)

ビーツ…80g

A
- 水…120mℓ
- 酢…大さじ3
- 砂糖…大さじ1½
- 塩…小さじ1

米…2合

B
- 酢…大さじ4
- 砂糖…大さじ2
- 塩…小さじ1⅓

セロリ…1本
ツナ(缶詰)…120g
かにかま…60g
塩…小さじ⅓
マヨネーズ…大さじ3
練りわさび…小さじ1⅓

1 ビーツのピクルスをつくる。ビーツは皮をむいて厚さ2㎜のいちょう切りにして、ボウルに入れる。小鍋に**A**をすべて入れて煮立たせ、熱いうちにビーツの入ったボウルに注ぐ。30分以上漬け込んでおく。

2 酢飯をつくる。米を炊き、大きなボウルに移して、よく混ぜ合わせた**B**を回しかけ、手早く切るように混ぜ合わせる。**1**の汁気を軽くきり、酢飯に加えてなじませ、ピクルス液を加えながら色を調えて、さっくりと混ぜ大皿に広げる。

3 セロリは斜め薄切りにして、塩をもみ込み、10分ほどしたら水気を絞る。かにかまは4等分に切る。ボウルにセロリとツナ、かにかまを入れ、マヨネーズと練りわさびで和える。**2**の酢飯の上に盛りつけたら完成。

ケイク・サレ

オーブンでじっくり火を通したビーツは、
ほんのり甘くて、ほくほくとした口当たり。
生地に混ぜ込むときは、大きいかな？
と思うくらいの角切りにすると、
ビーツの存在感が際立ち、断面も可愛く仕上がります。
熱々のスープと合わせて朝食にすれば、
一日の始まりが華やかになります。

材料（21㎝×8㎝×6㎝のパウンド型1台分）

ビーツ（大）…½個（200g）
薄力粉…150g
ベーキングパウダー…5g
ブロッコリー…80g
玉ねぎ…¼個（30g）
スライスハム…80g
卵…2個
オリーブオイル…適量
牛乳…100㎖
クリームチーズ…100g

1 ビーツは皮をむいて2㎝角に切る。ブロッコリーは小房を半分に切り、玉ねぎは薄切りにする。ハムは2㎝角に切る。型の内側にオリーブオイル（分量外）を塗り、薄力粉（分量外）を薄くまぶす。薄力粉とベーキングパウダーは合わせて漉し器でふるっておく。

2 耐熱皿に湿らせたキッチンペーパーを敷き、ビーツを並べる。ラップでふんわりと覆って500wの電子レンジで2分30秒加熱する。フライパンにオリーブオイル小さじ1を熱し、玉ねぎとハムをソテーしておく。

3 ボウルに卵、オリーブオイル50㎖を入れて泡立て器で白っぽくなるまで混ぜ合わせたら、牛乳を加えて混ぜる。ふるった薄力粉とベーキングパウダーも加えてさらに混ぜ合わせる。粉っぽさがなくなったらソテーした玉ねぎ、ハムを加える。

4 生地の⅓の量を型に敷き詰め、ビーツ、ブロッコリー、クリームチーズのそれぞれ半量を散らす。上からさらに同量の生地を流し込み、残りの具材を散らす。残った生地を流し込む。

5 オーブンを180℃に熱し、型を入れて50分焼く。中心に竹串を刺して生地がついてこなければオーブンから取り出す。粗熱が取れたら切り分ける。

山うど

山うどは宿根草。春になると毎年同じ場所から芽を出します。桃の節句の頃になると、ほのかなピンク色の根元が目をひく山うどが市中に出回り始めます。

買い求めるときは、茎に生える産毛に注目してください。湿り気がなく、ふわふわとしていれば新鮮な証です。さらに、表面にハリがあり、芽の部分が萎れていないものを選べ

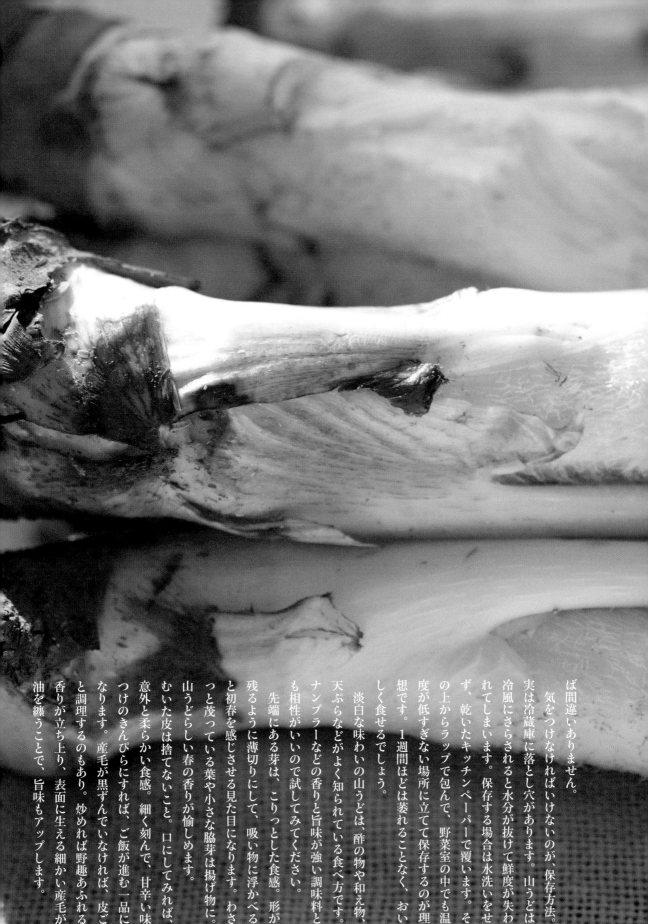

ば間違いありません。

気をつけなければいけないのが、保存方法。実は冷蔵庫に落とし穴があります。山うどは冷風にさらされると水分が抜けて鮮度が失われてしまいます。保存する場合は水洗いをせず、乾いたキッチンペーパーで覆います。その上からラップで包んで、野菜室の中でも温度が低すぎない場所に立てて保存するのが理想です。1週間ほどは萎れることなく、おいしく食せるでしょう。

淡白な味わいの山うどは、酢の物や和え物、天ぷらなどがよく知られている食べ方です。ナンプラーなどの香りと旨味が強い調味料とも相性がいいので試してみてください。

先端にある芽は、こりっとした食感。形が残るように薄切りにして、吸い物に浮かべると初春を感じさせる見た目になります。わさっと茂っている葉や小さな脇芽は揚げ物に。山うどらしい春の香りが愉しめます。

むいた皮は捨てないこと。口にしてみれば、意外と柔らかい食感。細く刻んで、甘辛い味つけのきんぴらにすれば、ご飯が進む一品になります。産毛が黒ずんでいなければ、皮ごと調理するのもあり。炒めれば野趣あふれる香りが立ち上り、表面に生える細かい産毛が油を纏うことで、旨味もアップします。

山うど

ベトナム風サラダ

生の山うどはシャクッという瑞々しい食感。
海老とグレープフルーツを合わせてサラダに仕立てます。
にんにくと唐辛子を効かせた甘酢ダレでマリネするので、
フレッシュながらもついワインと合わせたくなる奥深い味わいです。

RECIPE → P128

山うどと鶏肉の梅干し炒め

山うどは皮ごと炒めます。
表面の産毛に油と調味料がからんで、
風味豊かな味わいに仕上がります。
具材はシンプルに鶏胸肉とさやえんどう。
味つけは、煎り酒と梅干しです。
さっと炒め合わせるだけで、
香りと食感を存分に愉しめるおかずの出来上がりです。

RECIPE → P128

山うど

豚肉とちくわのかき揚げご飯

RECIPE → P129

山うどを豚肉、ちくわと一緒に甘辛いかき揚げにしてご飯と合わせます。
混ぜないで具と米を段々に重ねると、米粒が潰れずにふっくらと味わえます。
濃い味つけの中から、顔を出す山うどの風味とシコッとした食感が愉しい料理です。

ベトナム風サラダ

→ P122

材料（3〜4人分）

山うど…150g
殻付き無頭海老（小）…12尾
グレープフルーツ（ルビー）…1個
にんにく（小）…1片
赤唐辛子（乾燥）…1本
ディル…4枝

A
きび砂糖…大さじ1
レモン汁…大さじ1
ヌクマム…大さじ1
水…大さじ1

1 甘酢ダレをつくる。にんにくはみじん切りに、赤唐辛子はキッチンばさみで細かく切る。**A**を混ぜ合わせ、味を確かめながらにんにくと赤唐辛子を加える。

2 山うどは長さ4cmに切ってから皮をむき、厚さ3mmの短冊切りに、細い部分は斜め切りにして、酢水（分量外）にさらす。海老は背ワタを取り、殻付きのまま1分ほどゆでる。粗熱が取れたら殻をむく。グレープフルーツは房から実を取り出し、食べやすい大きさにほぐしておく。

3 水気を拭きとった山うどとグレープフルーツ、海老、**1**の甘酢ダレをボウルに入れてよくなじませる。器に盛りつけて、ディルの葉を散らす。

山うどと鶏肉の梅干し炒め

→ P124

材料（3〜4人分）

山うど（小）…1本
鶏胸肉（皮なし）…1枚
梅干し（小）…2個
絹さや…8〜12枚
煎り酒（57ページ参照）…大さじ2
オリーブオイル…大さじ2

1 山うどは皮付きのまま一口大の乱切りにする。酢水（分量外）に10分以上さらして水気を拭きとる。絹さやは筋を取って塩ゆでし、梅干しは種を抜いてちぎっておく。

2 鶏肉は縦半分に切ってから包丁をねかせて1cm弱の厚さにそぎ切りにして、煎り酒大さじ1をもみ込んでおく。

3 フライパンにオリーブオイルを熱し、中火で鶏肉の両面を焼く。焼き色がついたら山うどを加えて炒め合わせる。山うどの表面が透き通ってきたら、梅干しと煎り酒大さじ1を加えて味つけする。最後に絹さやを炒め合わせ、器に盛りつける。

山うどと豚肉のかき揚げご飯

→ P126

材料（3〜4人分）

山うど…200g
ちくわ…60g
豚肉（こま切れ）…120g
溶き卵…½個分
冷水…120mℓ
薄力粉…½カップ強
麺つゆ…1カップ
米…2合
三つ葉…½束
揚げ油…適量
粉山椒…適宜

1 米を炊き上げる。

2 山うどは皮付きのまま縦半分に切った後、厚さ3〜5㎜の斜め薄切りにする。ちくわも山うどと同じ大きさに切り、豚肉は2㎝幅に切ってほぐす。ボウルに山うど、ちくわ、豚肉を入れ、薄力粉大さじ1〜2をまぶす。

3 かき揚げをつくる。別のボウルに溶き卵と冷水、薄力粉½カップを混ぜ合わせ、**2**のボウルに具材がくっつくように少しずつ加える。揚げ油を170℃に熱し、一口大に平たくまとめた**2**を3〜4分ほど揚げて余分な油をきる。

4 フライパンで麺つゆを熱し、半量になるまで煮詰めたら、**3**を加えて煮る。バットに取り出して、キッチンばさみで粗く刻む。フライパンに残った麺つゆは仕上げの味つけに使うので、取っておく。

5 炊き上がったご飯を大きめの皿に半量強、平たく盛りつける。**4**とざく切りにした三つ葉をそれぞれ半量強散らし、さらに残りのご飯とかき揚げを盛り、三つ葉を同様に散らす。仕上げに**4**で残った麺つゆを全体に回しかける。好みで粉山椒をふる。

山うどの柳川風

材料（2人分）

山うど…½本
生姜…1片
九条ねぎ…1本
卵…3個
鶏挽き肉…150g

A
- 鰹と昆布のだし…150㎖
- 醤油…大さじ2
- 酒…大さじ2
- 味醂…大さじ2
- きび砂糖…大さじ1

1 山うどは皮ごと長さ5㎝のせん切りにする。生姜はみじん切り、九条ねぎは斜め薄切りにする。卵は溶きほぐしておく。

2 平鍋かフライパンに**A**を入れて、ひと煮立ちさせる。鶏挽き肉と生姜を加えて、箸で手早く混ぜながらそぼろ状にする。

3 鶏挽き肉がそぼろ状になったら、山うどを鍋に加える。ひと煮立ちしたら弱火で30秒ほど煮る。溶き卵の⅔の量を回し入れ、蓋をして1分加熱する。

4 九条ねぎを散らして、残りの溶き卵を回し入れ、卵が好みの硬さになったら火を止める。

皮ごと刻んだ山うどをだし汁で、さっと煮ます。
火が通りすぎないうちに卵でとじれば、
繊細な香りと優しい味わいに仕上がります。
炊きたての白いご飯の上にたっぷりのせて頬張れば、
春の恵みを感じるひとときが訪れます。

カリフラワー

ゴーヤー

里芋

せり

豚肉と大根とせりの煮物

→ P058

肉焼きそば 梅風味

→ P057

アサリとせりのリゾット

→ P056

せりのジョン

→ P056

とうもろこし

焼きとうもろこしとクミンの
モロカンサラダ

→ P070

とうもろこしの皮で包んだ
蒸しパン

→ P069

とうもろこし ちまき風

→ P069

エスニック焼き飯

→ P068

冬瓜

冬瓜のアチャール

→ P082

冬瓜とトマトといんげんの
ポークカレー

→ P081

冬瓜とはんぺんのすりながし

→ P080

冬瓜と梨とすだちのサラダ

→ P080

菜の花

パクチー

ビーツ

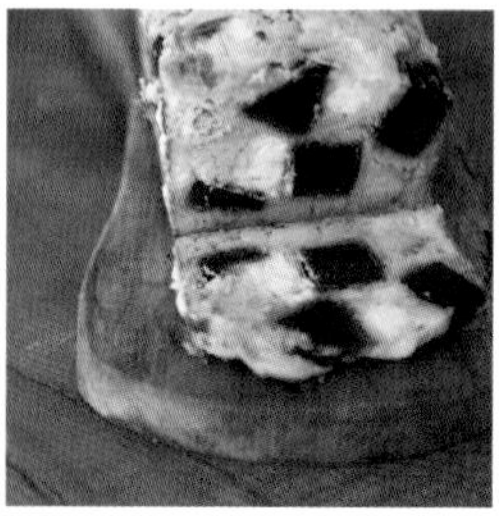

山うどの柳川風

→ P130

山うどと豚肉の
かき揚げご飯

→ P129

山うどと鶏肉の梅干し炒め

→ P128

ベトナム風サラダ

→ P128

植松《うえまつ》 良枝《よしえ》

料理研究家。神奈川県伊勢原市出身。

四季に寄り添った食と暮らしを提案しながら、菜園での野菜づくりをライフワークとしている。

料理教室「日々の飯事《ままごと》」を主宰して、旬の野菜で食生活を豊かにすることを教示する。

仕事の合間には国内外に旅に出て、土地に根付いた料理や道具への造詣を深めている。

著書に『ヨヨナムのベトナム料理』『春夏秋冬 ふだんのもてなし』

『とれたて野菜レシピ』などがある。共著に『育てて楽しむはじめてのハーブ』。

一度は使ってみたい野菜で、何度でもつくりたいレシピ

発行
2021年3月22日　初版発行

著者
植松良枝

写真
宮濱祐美子

装幀
中村圭介 野澤香枝 藤田佳奈（ナカムラグラフ）

校正
岡本美衣

編集
江部拓弥 河野大治朗 神吉佳奈子

発行所
株式会社プレジデント社
〒102-8641 東京都千代田区平河町2-16-1 平河町森タワー13階
電話番号 03-3237-5457（編集）03-3237-3731（販売）

発行者
長坂嘉昭

印刷所・製本所
凸版印刷株式会社

Printed in Japan
ISBN978-4-8334-5162-8 C0077

定価はカバーに表示してあります。

本書はdancyu wabでの連載「旬の野菜の知恵袋」（2019年8月～2020年3月）に加筆修正をして、新たなレシピを加えたものです。